职业教育电子商务专业课程改革创新教材

网店客户服务

（项目式教材）

主　编　周艳红

副主编　黄　璐　张晓娥

参　编　陈　曦　尚　芳

　　　　张　江　周　娜

机 械 工 业 出 版 社

本书对网店客户服务的理论和技巧进行了系统的论述和探讨，融入了最新的网店客服岗位标准与技能要求。全书内容包括：网店客户服务概述、售前准备及咨询接待、售中有效订单的处理、售后交易纠纷的处理、客户关系管理。本书采用简洁的语言、直观的图表对网店客服售前、售中、售后等各环节进行了详细的描述，并通过"小知识""小经验""小案例"等栏目，增加本书的实用性、针对性、可操作性和可读性。同时，为便于教师教学、学生学习，本书附有综合练习（纸质）并配有教学资源包（电子），包括演示文稿、电子教案、参考答案、模拟试卷、经典案例等。

本书可作为职业院校电子商务专业及相关专业的教材，也可供初级电子商务人员、网络营销人员、企业经理、营销管理人员自学、培训学习使用。

图书在版编目（CIP）数据

网店客户服务：项目式教材/周艳红主编. —北京：机械工业出版社，2017.10（2024.1 重印）

职业教育电子商务专业课程改革创新教材

ISBN 978-7-111-58084-3

Ⅰ. ①网… Ⅱ. ①周… Ⅲ. ①网络营销—职业教育—教材 Ⅳ. ①F713.365.2

中国版本图书馆 CIP 数据核字（2017）第 234782 号

机械工业出版社（北京市百万庄大街 22 号 邮政编码 100037）

策划编辑：聂志磊 责任编辑：聂志磊

责任校对：王 欣 责任印制：郜 敏

三河市国英印务有限公司印刷

2024 年 1 月第 1 版第 9 次印刷

184mm×260mm · 10.25 印张 · 231 千字

标准书号：ISBN 978-7-111-58084-3

定价：35.00 元

电话服务 网络服务

客服电话：010-88361066 机 工 官 网：www.cmpbook.com

010-88379833 机 工 官 博：weibo.com/cmp1952

010-68326294 金 书 网：www.golden-book.com

封底无防伪标均为盗版 机工教育服务网：www.cmpedu.com

前　言

随着电子商务的迅猛发展，越来越多的传统企业纷纷触网，电商战略已经成为众多企业未来几年的核心战略，企业对电商人才的需求量倍增，呈现出“电商势如破竹，人才一将难求”的严峻现状。电商人才需求结构中，对运营管理、营销推广、文案策划、美工设计、物流仓储、客户服务等岗位的需求较为迫切。

网络购物的快速发展，网店经营的日益火爆，一个全新的职业——网店客服悄然兴起，网店客服属于全新的职业。网店客服的好坏直接关系到店铺的形象，影响到网店的成交率及客户的回头率，职业院校如何培养企业需要的网店客服？职业院校在培养网店客服时，必须加强教学性实践环节，以提高职业综合能力为着眼点，使培养出来的学生更好地适应社会、企业的要求。本书由校企双方共同开发，由企业从事网店客服的人士参与编写，内容更切合实际。

本书具有如下特色：

1. 以情景为主线，培养学生解决问题的能力

以网店客服在实际工作中遇到的问题作为各项目的切入点，通过分析、任务实施，引导学生思考如何处理实际工作中遇到的问题。

2. 以任务为驱动，突出网店客服的实践性

网店客服是一门实践性很强的课程，本书在社会对职业院校电子商务人才需求的基础上，尽可能地突出实用性。书中设计了大量的实践活动，以培养学生的实际动手能力。

3. 设计评价环节，培养学生自我评估能力

任务评价的设计是学生对知识和技能掌握的回顾与总结，也是教师教学效果的直观反映，有利于教学水平的提高。

4. 每个项目均附有综合练习，加深学生对理论知识和技能的掌握

附录中设有与每个项目对应的习题，如判断题、不定项选择题、填表题、实践题等能加深学生对理论知识的理解，有利于学生对实际操作技能的掌握及巩固。

5. 提供教学资源包（电子）

为方便教学，本书配有教学资源包，包括：演示文稿、电子教案、参考答案、模拟试卷、经典案例等。

选用本书作为教材的职业院校，可通过机械工业出版社教育服务网（http://www.cmpedu.com）或加入电子商务专业交流群（QQ群：832803236）免费获取教学资源包。

全书教学建议72学时完成，具体分配如下：

项　目	内　容	理论学时	实训学时	合　计
项目一	网店客户服务概述	4	8	12
项目二	售前准备及咨询接待	6	12	18
项目三	售中有效订单的处理	4	8	12
项目四	售后交易纠纷的处理	4	10	14
项目五	客户关系管理	4	8	12
机动		2	2	4
总计学时		24	48	72

本书由周艳红担任主编，黄璐、张晓娥担任副主编。具体编写分工：项目一由周艳红编写；项目二由尚芳、张江编写；项目三由陈曦、张晓娥编写；项目四由黄璐编写；项目五由黄璐、周娜编写。

本书在编写过程中得到了武汉市供销商业学校、广西水产畜牧学校、江西赣州技师学院、杭州莫畏实业有限公司等的大力支持；另外在编写过程中参考了许多资料和书籍，在此一并表示衷心的感谢！

由于编者水平有限，书中难免有不妥之处，恳请读者、专家提出宝贵意见和建议。读者意见和建议可发至邮箱：dzsw2012zyh@163.com。

编　者

目　　录

情景企业、人物介绍

情景企业介绍

MWAMI 莫畏

MWAMI 莫畏是中国香港莫畏国际旗下轻奢名品引领品牌（见图 0-1），2013 年夏季入驻内地，致力于为中国精英人士提供典雅、高贵、大气而又不失自然品味的服装产品。其主营男装、女装和高级定制产品。MWAMI 服饰产品设计自然、优雅、简约、奢华，具有城市风格与欧范精致的细节设计，极富现代化的线条，以“品质男装”突显国际化品质和中西兼容的文化格调，以时尚传承经典，以轻奢的生活态度面向世界。

“感恩、包容、信任、担当、务实、助人”为公司的企业文化，公司的企业愿景是“打造国际轻奢第一品牌，引领新时代华人的生活方式”。

图 0-1　MWAMI 莫畏天猫旗舰店（https://mwamihz.tmall.com）首页

人物介绍

张　婷

某职业院校电子商务专业的一名毕业生，性格开朗、善于与人交流、专业基础扎实、熟练掌握办公软件的操作、汉字录入速度70字/分钟，毕业后想找一份与电子商务专业相关的工作，经过多方选择，最终决定从事网店客服工作，于是参加了多次网店客服的面试，最终被杭州莫畏实业有限公司天猫旗舰店的网店录用。

王俊熙

杭州莫畏实业有限公司天猫旗舰店客服主管，从事网店客服工作十余年，熟悉业务、经验丰富、关心下属、重视人才。

项目一 网店客户服务概述

项目导学

随着网络购物的兴起，网店经营的日益火爆，一个全新的职业——网店客服悄然兴起了。网店客服是一个电子商务公司的门户，客服工作的好坏直接关系到店铺的形象，影响到网店的成交率及客户的回头率，与企业利益直接挂钩。目前，电商人才需求中对客服岗位的需求较为迫切。

通过本项目的学习，您会对网店客服有一个大致的了解，对学习后面的内容打下良好的基础。

项目目标

- 了解网店客服的含义、分类
- 理解网店客服的作用和意义
- 了解网店客服需要具备的素质

任务一　初识网店客服

情景导入

张婷对具体选择什么工作岗位犹豫不决，有人建议她由于刚毕业，缺乏经验，应该先找个网店客服的工作，锻炼下自己的能力。于是张婷打开计算机，开始收集网店客服招聘的相关信息。

情景分析

张婷如果想从事网店客服的相关工作，她应该了解什么是网店客服、网店客服的职业现状和就业前景。

任务实施

任务实施导航结构图：

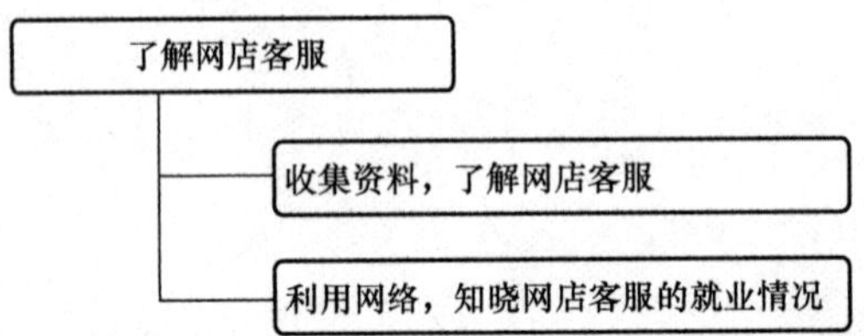

一、收集资料，了解网店客服

1．搜索信息。进入百度搜索引擎网站，在搜索文本框输入关键词“网店客服”，单击“百度一下”按钮，如图 1-1 所示。

图 1-1　利用百度搜索引擎收集网店客服信息

2．浏览、筛选信息。在百度为您找到的与“网店客服”相关的信息中进行浏览、筛选，查看相关信息，如图 1-2 所示。

图 1-2　网店客服信息收集页面

小知识

如何判断信息的真实性

网络共享性与开放性使得人人都可以在互联网上获取和存放信息，由于没有质量控制和管理机制，这些信息没有经过严格编辑和整理，各种不良和无用的信息大量充斥在网络上，形成了一个纷繁复杂的信息世界，给用户选择、利用网络信息带来了障碍。

收集信息要判断信息的真实性：①信息的真实性首先是指信息中所涉及的事务是客观存在的，以及构成信息的各个要素都是真实的。②判断信息的真实性要查看信息的来源，并对信息提供者的身份、背景等因素进行考查。③要判断信息要素是否齐全。④对于信息中的引语、背景资料等也应进行考查。

3．查看网店客服的含义。单击“网店客服_百度百科”链接，进入百度百科关于“网店客服”介绍页，查看相关信息。

小提示

百度百科是百度公司推出的一部内容开放、自由的网络百科全书平台，旨在创造一个涵盖各领域知识的中文信息收集平台。

4．利用其他渠道收集“网店客服”的信息，记录操作过程（至少通过两种渠道收集信息）。

（1）渠道一：______________________________

（2）渠道二：______________________________

5．给“网店客服”下个定义。

网店客服是指______________________________

____

二、利用网络，知晓网店客服的就业情况

本环节以电猴网和前程无忧网为例，分别了解、分析网店客服就业信息。

走进企业

电猴网介绍

电猴网（隶属于北京电猴网络科技有限公司）是专注于电商领域的人才求职招聘网站，实时提供全国最翔实的电商职位信息，电商名企、品牌店铺人才精准匹配，实时跟踪反馈求职结果，同时为电商人提供电商资讯及互动分享社区。

（一）进入电猴网，查看网店客服职位就业情况

1．进入电猴网主页。可利用搜索引擎搜索进入电猴网主页，也可直接在浏览器的地址栏中输入电猴网网址 http://www.dianhou.com，进入电猴网主页，如图 1-3 所示。

图 1-3　电猴网主页

2．查看网店客服职位信息。单击“网店客服”链接，查看网店客服职位相关信息，如图 1-4 所示。

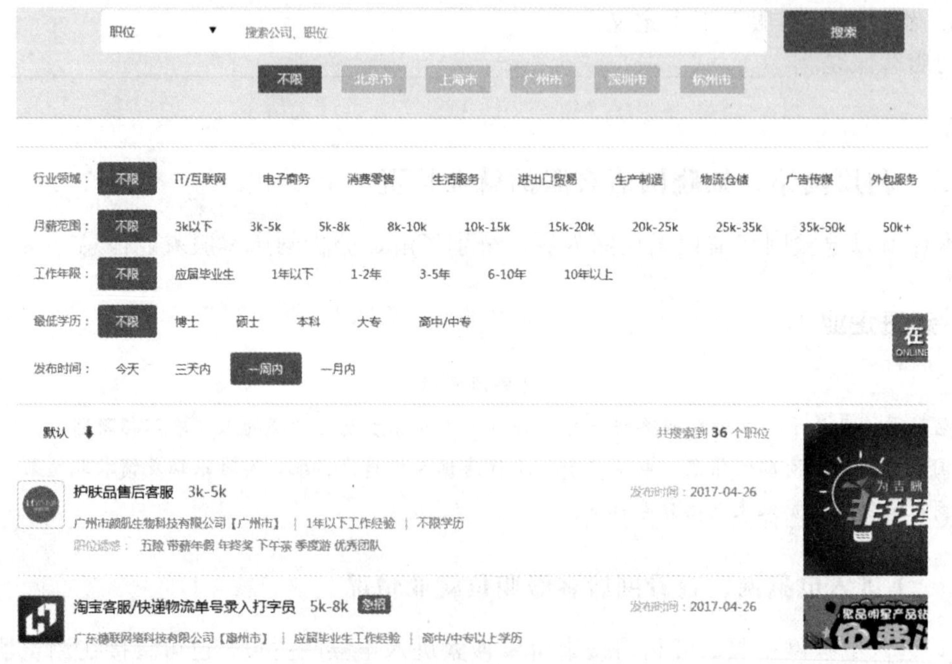

图 1-4　电猴网网店客服职位信息

3. 查看当地网店客服职位的相关描述信息。任意单击一个你感兴趣的链接，查看相关内容，如所在地是北京，则可单击相关链接进入，如图 1-5 所示。

图 1-5　电猴网网店客服职位描述

4. 分析信息，完成统计表。在充分了解信息的基础上，对收集到的信息进行分析，完成表 1-1 的填写。

表 1-1　网店客服招聘信息统计表

基本条件	职位诱惑	岗位职责	岗位要求

（二）进入前程无忧（http://www.51job.com），查看网店客服职位就业情况

走进企业

前程无忧网介绍

前程无忧是国内大型、集多种媒介资源优势的专业人力资源服务机构。它集合了传统媒体、网络媒体及先进的信息技术，加上一支经验丰富的专业顾问队伍，提供包括招聘猎头、培训测评和人事外包在内的全方位专业人力资源服务，现在全国 25 个城市设有服务机构。2004 年 9 月，前程无忧成为首个在美国上市的中国人力资源服务企业，是中国最具影响力的人力资源服务供应商之一。

1．按进入电猴网查看信息的操作步骤，查看前程无忧网网店客服职位就业情况信息，完成表 1-2“岗位基本要求”列的填写。

2．结合个人情况，对本人是否适合网店客服岗位要求进行分析，完成表 1-2“个人情况”列的填写，如果还有一定的差距，请为自己制订一个提升计划，填写在表 1-2“提升计划”列中。

表 1-2　网店客服岗位要求汇总表

编　号	岗位基本要求	个 人 情 况	提 升 计 划
1			
2			
3			
4			
5			

知识链接

一、客户服务

1．客户服务的含义

（1）客户。客户就是企业需要服务的对象。按不同的划分标准，客户有不同的分类，如按客户所处的位置，可分为外部客户和内部客户；按客户所处的时间状态，可分为过去客户、现在客户和将来客户；按客户表现类型，可分为要求型客户、困惑型客户和激动型客户。

（2）服务。服务是指为一定的对象工作。经济组织提供的服务为有偿服务，非经济组织提供的服务为无偿服务。

（3）客户服务。客户服务（Customer Service），简称客服，是指一种以客户为导向的价值观，是企业通过营销渠道，为满足客户的需求，提供的包括售前、售中、售后等一系列服务的过程。广义而言，任何能提高客户满意度的内容都属于客户服务的范围。

简单来说，客户服务就是为公司的客户提供他们所需的服务，维护公司与客户之间的关系。客户服务的目的是满足客户的服务需求，企业为客户提供优质的服务，最终目的就是要达到客户满意。

2．客户服务工作的主要内容

客户服务工作的主要内容包括以下三点：售前咨询、售中引导、售后服务，如图 1-6 所示。

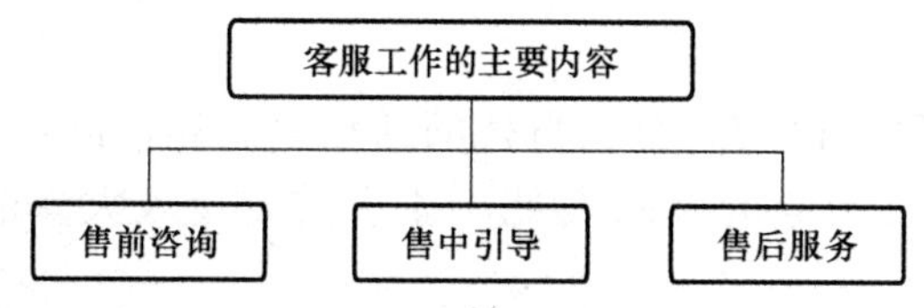

图 1-6 客户服务工作的主要内容

（1）售前咨询。售前咨询是企业争取客户的前置工程，主要工作是收集客户信息、联系客户、了解客户的需求。

（2）售中引导。售中引导是客户检验企业能力的关键，主要工作是为客户讲解公司的产品或服务，引导客户完成消费。

（3）售后服务。售后服务是企业使客户忠诚的核心，主要工作是解决客户存在的问题，为客户提供满意的解决方案，以及对客户进行回访。

在企业客户服务过程中，售前、售中、售后都是帮助客户解决问题的，企业和具体客户服务工作人员都要有将客户满意作为工作动力的强烈动机。

二、网店

1. 网店的含义

网店，全称为网络店铺，也称网上商店、虚拟商店等，是指在网上开设的店铺，是随着互联网的发展而逐步走向人们生活的一种新兴的商业活动，能够让人们在浏览的同时进行实际购买，并且通过各种支付手段进行支付完成交易全过程的网站。

2. 网店的优势

与传统实体商店相比，网店主要具有的优势，如图 1-7 所示。

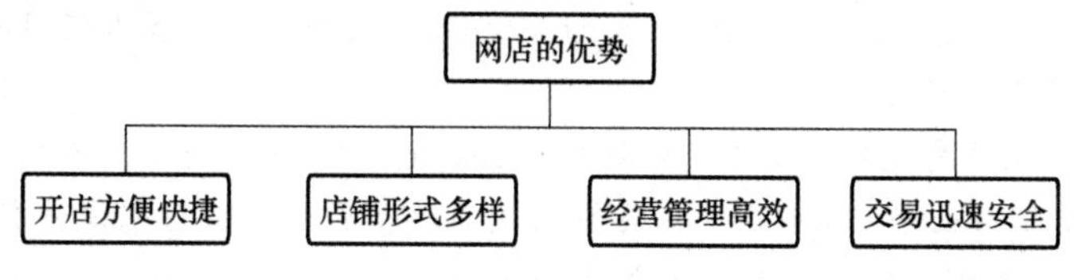

图 1-7 网店的优势

（1）开店方便快捷。与开实体店铺不同，开网店只需一台联网的计算机，然后单击鼠标、敲打键盘就可完成整个开店过程。开网店可以不用注册公司，无须实体店铺，无须库存等。

（2）店铺形式多样。企业可以自建网站开设网店，也可以利用阿里巴巴 1688、天猫、淘宝、京东商城等第三方平台开设店铺。

（3）经营管理高效。网店经营不受时间和空间的限制，理论上可实现 24 小时在线服务，把经营时间最大化，可将自己的产品或服务销售给世界各地有网络的顾客，获得更多的生意机会。网店无须大量工作人员完成采购、上货、销售等工作，一切都可在网上进行，节约大量人力和物力。

（4）交易迅速安全。网上交易买卖双方无须见面，通过网络即可达成意向完成电子支付，最后物流把货品送到买家的手中。整个交易过程方便、迅速，无须携带现金也比较安全。

3. 网店的分类

（1）按网站性质不同，网店可分为自建网站型网店和借助第三方平台型网店。

自建网站型网店需要专业的技术人员，往往需要投入大量的人力与财力，如凡客（VANCL）、1 号店等。

借助第三方平台型网店的建店门槛相对较低，操作简单，只需在服务提供商网站完成注册和开店操作即可开始经营。第三方平台提供商有阿里巴巴 1688 网、京东商城、国美在线、当当网、淘宝网等。

（2）按网店交易对象不同，网店主要可分为 B2B、B2C、C2C 型网店。

B2B 型网店是指主要做批发业务的网店，如借助阿里巴巴 1688、慧聪网等平台开设网店。

B2C 型网店主要指商家开展零售业务的网店，如凡客、1 号店、天猫、国美在线等。

C2C 型网店是个人借助第三方平台开设网店，如在淘宝网或利用微信开设微店等。

三、网店客户服务

1. 网店客户服务的含义

网店客户服务，简称网店客服，是指在开设网店这种新型商业活动中，充分利用各种通信工具并以网上即时通信软件（如旺旺、QQ、京东咚咚）为主的，为客户提供产品介绍、问题解答和售后服务等相关服务。

小知识

即时通信软件

即时通信（Instant messaging，IM）是一个终端服务，允许两人或多人使用网路即时地传递文字信息、档案、语音与视频交流。

最早的即时通信软件是 ICQ，“ICQ”是英文 I seek you 的谐音，意思是我找你。四名以色列青年于 1996 年 7 月成立 Mirabilis 公司，并在同年 11 月发布了最初的 ICQ 版本，在六个月内有 85 万用户注册使用。1998 年当 ICQ 注册用户数达到 1200 万时，被 AOL 公司看中，以 2.87 亿美元的天价买走。2008 年 ICQ 有 1 亿多用户，主要市场在美洲和欧洲，已成为世界上最大的即时通信系统。在中国，腾讯公司于 1999 年 2 月推出的腾讯 QQ 迅速成为我国最大的即时通信软件。

即时通信软件是通过即时通信技术来实现在线聊天、交流的。目前有两种架构形式：一种是 C/S 架构，即采用客户端/服务器形式，用户使用过程中需要下载安装客户端软件，典型的代表有 QQ、百度 Hi、新浪 UC、MSN 等；另外一种是采用 B/S 架构，即浏览器/服务端形式，这种形式的即时通信软件直接借助互联网为媒介，无须安装任何软件即可进行沟通对话，一般运用于电子商务网站，典型的代表有 Websitelive、53KF、Live800 等。

2. 网店客服的分类

客户服务主要分为人工客服和电子客服，其中人工客服又可细分为文字客服、视频客服和语音客服三类。

随着电子商务的快速发展，网购成为了人们生活的一部分。在一些专业网站、网店，店主为了给顾客提供更优质的服务，对客服的分工已经达到相当细致的程度。

按不同的划分标准，网店客服分为不同的类型，本书主要介绍以下三种划分标准及类型：

（1）按网络交易流程分类。按网络交易流程划分，可分为售前客服、售中客服和售后客服三种，如图 1-8 所示。

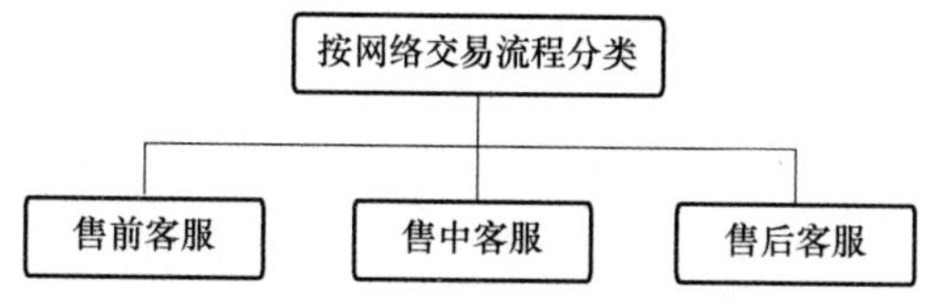

图 1-8　按交易流程分类的网店客服类型

1）售前客服是指利用网络接待客户，并通过一定的沟通技巧获取信息，为客户提供产品介绍、产品推荐，以及解决客户疑问等服务，促使客户做出购买决定，促成订单的服务人员。

2）售中客服的主要工作是对有效订单的处理，包括确认订单、核对信息、下单发货等。

3）售后客服的主要工作内容是对交易纠纷的处理，包括退换货处理、退款处理、应对投诉纠纷和评价管理等。

（2）按使用工具分类。按使用工具不同划分，可分为电话客服和网络客服，如图 1-9 所示。

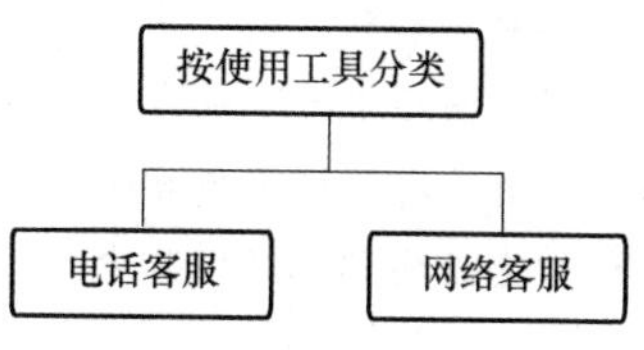

图 1-9　按使用工具划分的网店客服类型

1）电话客服的主要工作内容是通过电话与客户进行沟通交流、回访调查、维护客户关系等。

2）网络客服又包括网站在线客服和利用即时聊天工具为客户提供服务的客服。网站在线客服利用的是一种网页版即时通信软件，相比其他即时通信软件（如 QQ、旺旺等），它实现和网站的无缝结合，为网站提供和访客对话的平台，网站访客无须安装任何软件即可通过网页进行对话。

（3）按工作内容分类。按工作内容不同划分，主要可分为销售客服、投诉客服、推广客服和打包客服，如图 1-10 所示。

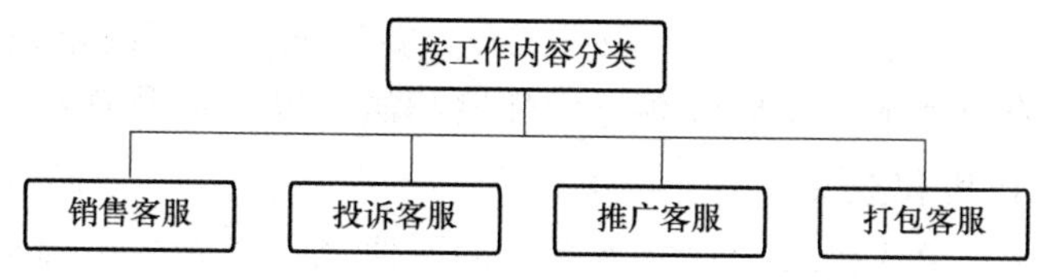

图 1-10　按工作内容分类的网店客服类型

1）销售客服又称导购客服，主要负责网店的销售工作，帮助买家更好地挑选商品。

2）投诉客服的主要工作是处理客服的投诉及中差评。

3）推广客服的主要工作是负责网店的营销与推广。

4）打包客服就是在客户下单付款后，按照订单帮助店主进行打包工作的客服。

另外，还可以按照工作时间划分为全职客服和兼职客服。目前在市场对全职客服需求增加的同时，伴随着网络购物节的不断发展，兼职客服的需求也大量增加，很多在校学生都加入到兼职客服的团队。

小知识

网络促销

网络促销是指利用计算机及网络技术向虚拟市场传递有关商品和劳务的信息，以引发消费者需求，唤起购买欲望和促成购买行为的各种活动。

小经验

大促客服

客服作为店铺的门面，是与客户互动的第一桥梁，是大促活动的重中之重。大促客服即在大促活动中从事客户服务工作的人员，团队由企业专职客服和临时招聘的兼职客服组成。

2009年，淘宝尝试双十一概念，提出在11月11日进行"大促"，当年的销售额是5000多万元；网购狂欢节引爆了这个时间点的网络消费热情，并且一发不可收拾。目前，越来越多的商家加入618网购狂欢节、双十一、双十二、周年庆等电商节活动中，并希望在大促的时候获得不错的业绩。参加大促，网店原有客服力量是绝对不够的，一般情况下商家会在大促前招聘兼职客服，并对其进行培训。很多商家往往和当地开设电子商务专业的中高职院校签署相关协议，在大促期间会有很多的在校学生充实到客服团队中。

3. 网店客户服务的内容

网店客户服务过程实质上是满足客户除产品以外的其他派生需求的过程。根据用户上网购物所产生的需求不同，网店客户服务的内容主要表现为两个方面，见表1-3。

表1-3 网店客户服务的内容

服务内容	详细介绍
全方位的信息服务	用户做出购买决策需要了解产品或服务比较全面的信息，以增强决策的科学性。网店客服需要具备为客户提供全面而详细的产品信息和服务的能力
针对性的个性化服务	电子商务时代是一个服务需求多样化、个性化的时代。网店一对一的服务很好地满足了用户个性化需求，客服应重视客户的需求差异，有针对性地为每个客户的不同需求提供相应的服务

网店要做得成功，一定要做好客户服务工作，要加强对员工的培训，强化服务理念，提高员工素质和服务的质量，以提升客户信任度和满意度，提升企业的竞争优势。

4. 网店客服的作用和意义

客户服务已经成为企业提高综合竞争能力的手段之一。如今市场竞争越发激烈，大多数企业认为，企业真正的盈利模式是不断地为客户创造价值。因此，企业之间除了在产品的质量和价格方面进行角逐外，越来越注重客户服务。一个网店生意的好坏，不仅涉及主营商品的类型、产品价格、店铺装修设计、经营理念和推广方式等方面，而且网店客服的服务质量起着至关重要的作用。

网店客服在网店的推广、产品的销售以及售后的客户维护方面均起着极其重要的作用。一个好的客服就是公司的形象，一个会讲话的客服将会给公司带来更多的客户，一个耐心周到的客服将会让客户感到安心，对产品的使用也会更放心。网店客服的作用和意义主要体现为几个方面，如图1-11所示。

（1）塑造店铺形象。网上店铺不同于实体店铺，网络消费者既看不到网店工作人员，也看不到产品本身，看到的只是一张张图片或一段商家事先录制好的视频，无法了解各种实际情况，因此往往会产生距离感和怀疑。客户通过与客服在网上的交流，可以逐步了解商家的服务和态度以及其他，客服的一个笑脸（旺旺、QQ 表情符号）或者一句亲切的问候，都能让客户真实地感觉到他不是在跟冷冰冰的计算机和网络打交道，而是跟一个善解人意的人在沟通，这样会帮助客户放弃开始的戒备，从而在客户心目中逐步树立起店铺的良好形象。

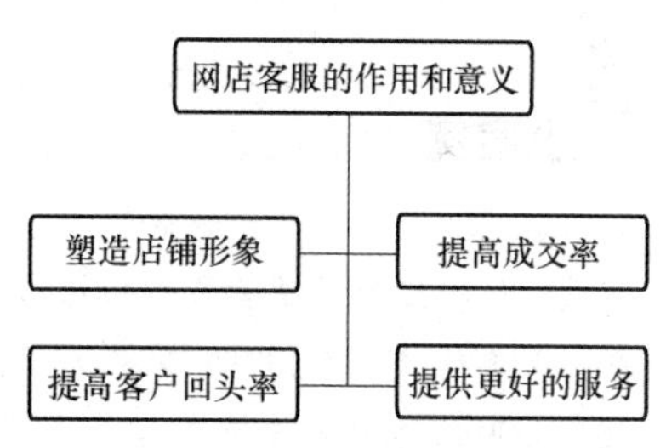

图 1-11　网店客服的作用和意义

（2）提高成交率。网络消费者在购物之前往往会针对不太清楚的内容询问商家，或者询问店铺的优惠措施等。客服一直在线，并能够快速回复客户的疑问，可以让客户及时了解需要的内容，从而立即达成交易。

针对不同的客户，客服需要不一样沟通方式，例如：当客户对产品本身没有疑问，仅仅是想确认一下商品是否与事实相符，这个时候在线客服的及时回复、礼貌热情就可以打消客户的很多顾虑，促成交易；而当面对一个犹豫不决的客户，有着专业知识和良好销售技巧的客服可以帮助买家选择合适的商品，促成客户的购买行为，从而提高成交率。有时候客户拍下商品，但并不立即付款，这时候在线客服可以及时核实跟进，通过向买家询问汇款方式等督促买家及时付款，促成交易。

（3）提高客户回头率。当客户在客服的良好服务下，完成了一次良好的交易后，客户不仅了解了卖家的服务态度，也对卖家的商品、物流等有了切身的体会。当客户需要再次购买同样商品的时候，就会倾向于选择他所熟悉和了解的卖家，从而激发了客户回头，提高了客户黏性。

客服在解答客户疑问，促成客户做出购买决定，完成交易的同时，应该像朋友一样给客户更多的购物建议，解答更多疑问，包括物流、售后等。有的客服会推介客户买哪家的产品，并给予客户很好的建议，这样客户虽然买了别家的产品，但会觉得客服是那么专业，那么无私地为他服务。即使这次没有买自己店铺的产品，下次绝对会来的。

（4）提供更好的服务。如果把网店客服仅仅定位于和客户的网上交流，那么这仅仅是服务的第一步。一个有着专业知识和良好沟通技巧的客服，可以给客户提供更多的购物建议，更完善地解答客户的疑问，更快速地对买家售后问题给予反馈，从而更好地服务于客户。只有更好地服务于客户，才能获得更多的机会。

小知识

平 台 客 服

所有的电子商务平台都有自己的平台客服，他们负责招商入驻，为入驻商户提供技术支持和疑难问题解答。有的平台客服通过电话方式进行工作，也有的平台客户通过在线打字或语音方式进行工作。

平台客服已经走近我们的生活，如淘宝网的店小二，专门为淘宝网服务，他们的工作是回答、解决买家、卖家的疑难问题，并负责处理买卖双方的纠纷等。

小案例

阿芙的客服

阿芙——淘宝全网销量第一的精油品牌，除了销售业绩好，阿芙的服务也一直被客户赞扬。

在阿芙有这样一个团队，她们每天帮助客户咨询与解答产品疑问，与客人交流谈心，甚至聊家常，还时不时给客户带去惊喜与感动，他们就是阿芙的客服。

在客服办公室的大幅海报上，有一句长长的标语："顾客是我们的衣食父母，他们有时候任性、调皮、小小霸道，但依然是我们的亲人。没有他们，客服部就不必存在了！所以即使私下里，也不应该有任何不敬！要用 120%的热情来爱她们！顾客撒娇的时候，就让我们满怀爱意，笑着容纳吧！"这句口号虽然长，但确实被当成了行动准则，客服每天 24 小时轮班制，即使半夜有客户咨询，也能第一时间回应。除了解答客户对于产品的咨询外，还主动关心客户，与客户谈心、聊家常。

在阿芙，还有一个非常神奇的现象，就是客服们会经常收到客户给她们回寄的小礼物。客服主管安红曾是一位有着多年客服经验的老客服，她说，首先只有发自内心，真诚地去对待客户，关心他们，才能得到客户用心的反馈，这也是客服团队强大工作动力的来源。

任务评价

结合理论知识学习和任务实施的具体过程，将操作内容记录在表 1-4 中，并对完成效果进行评价。

要求：表 1-4 列出的 6 个知识点，第 2 个和第 5 个知识点是要完成本任务必须掌握的，其他知识点有一定的了解即可；3 个技能点重在信息收集、整理和分析能力的培养，分析结果是本次评价的重点。

表 1-4　网店客服基础知识与技能评价表

项　目	内　容	简要介绍	评　价				
			很好	好	一般	差	很差
知识	客户服务的含义						
	客户服务工作的主要内容						
	网络店铺的含义						
	网店客服的分类						
	网店客户服务的内容						
	网店客服的作用和意义						
技能	信息收集能力						
	信息整理能力						
	信息分析能力						

任务二 提升网店客服岗位的基本素质

情景导入

通过对“网店客服招聘信息”的收集，张婷认为自己非常适合此项工作，于是在网上投了几份简历，三天后接到了“杭州莫畏实业有限公司”的面试通知。为了提高面试通过率，张婷继续利用网络收集相关信息。

情景分析

张婷如果想顺利通过此次面试，她应该对网店客服应该具备的基本素质、网店客服的工作内容有一定的了解，同时，她还应对“杭州莫畏实业有限公司”的相关情况进行了解。

任务实施

任务实施导航结构图：

- 熟知网店客服岗位的基本素质
  - 了解网店客服应具备的基本素质
  - 探讨客服提升自我素质的方法

一、了解网店客服应具备的基本素质

利用网络搜集网店客服应具备的基本素质，完成表 1-5 的填写（说明：至少完成三项基本素质和具体要求的填写）。

表 1-5 网店客服应具备的基本素质

编　号	基本素质	具体要求

二、探讨客服提升自我素质的方法

对照表 1-5 中的基本素质和具体要求，对本人进行自我分析，完成表 1-6 的填写。

表 1-6 网店客服基本素质分析表

编　　号	已具备的基本素质	尚待提升的基本素质	提 升 方 法

知识链接

网店客服的基本素质

一个合格的网店客服应该具备一些基本素质，主要包括：心理素质、品格素质、技能素质和综合素质等，如图 1-12 所示。

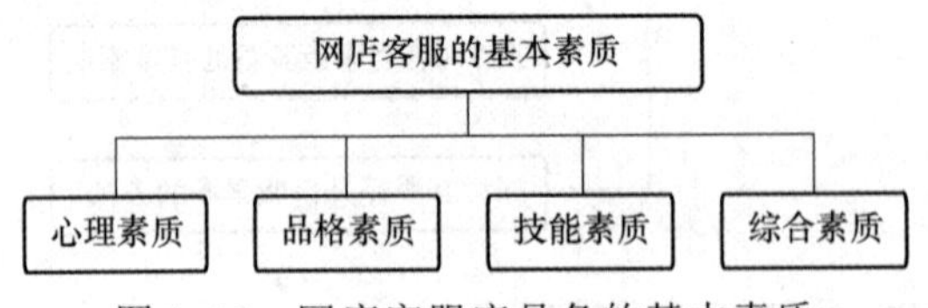

图 1-12 网店客服应具备的基本素质

1. 心理素质

网店客服应该具备良好的心理素质，因为在客户服务过程中，承受着各种压力、挫折，没有良好的心理素质是不行的。具体为：处变不惊的应变能力，挫折打击的承受能力，情绪的自我控制及调节能力，满负荷情感付出的支持能力，积极进取、永不言败的良好心态。

2. 品格素质

（1）要热爱企业、热爱岗位，有强烈的集体荣誉感。一名优秀的网店客服人员应该对其所从事的客户服务岗位充满热爱，忠诚于企业的事业，兢兢业业地做好每件事。

（2）要有良好的服务态度。客服应该具备对客户热情主动的服务态度，充满激情，让每位客户感受到你的服务，在接受你的同时来接受你的产品；客服还应该要有谦和的态度，谦和的服务态度是赢得客户服务满意度的重要保证。客服要拥有博爱之心，真诚地对待每一个人，并且要勇于承担责任。

（3）要有良好的自控力。自控力就是控制好自己的情绪，客服首先自己要有一个好的心态来面对工作和客户，客服的心情好了也会带动客户。毕竟网上形形色色的人都有，有好说话的，也有不好说话的，遇到不好说话的，客服就要控制好自己的情绪，耐心地解答，有技巧地应对。忍耐与宽容是优秀网店客服人员的一种美德。

3. 技能素质

（1）丰富的专业知识。对于自己经营的产品具有一定的专业知识，如果对自己的产品都不了解，就无法保证第一时间回答客户对产品的疑问。

（2）良好的沟通能力及技巧。良好的沟通是促成买家掏钱的重要因素之一，和买家在销售的整个过程中保持良好的沟通是保证交易顺利进行的关键。不管是交易前还是交易后，都要与买家保持良好的沟通，这样不但可以顺利地完成交易，还有可能将新买家变为回头客，成为自己的老客户。优秀的客服人员还应具备高超的语言沟通技巧及谈判技巧，只有具备这样的素质，才能让客户接受你的产品和价格。

（3）敏锐的观察力和洞察力。网店客服人员还应该具备敏锐的观察力和洞察力，只有这样才能清楚地知道客户购买心理的变化。了解了客户的心理，才可以有针对性地对其进行引导。

4. 综合素质

（1）要有“客户至上”的服务观念。客户至上不是客户要求什么，你就给什么。树立客户至上的服务观念，首先要了解客户的需求，然后根据客户的需求和消费能力给予最适合的产品，并合理地引导和解答他的疑虑。了解清楚客户的需求，给予客户适当的高预期，会得到意想不到的效果。

（2）要有独立处理日常工作的能力。作为网店客服，都是一对一地为客户提供服务，因此客服必须要具有独当一面的能力，要自己会处理客户服务中的常见问题和能解决一定的棘手问题。

（3）要有分析解决各种问题的能力。客服不仅要做好常规的客户服务工作，还要善于思考，具有分析解决问题的能力，能提出合理化的建议，帮助客户去分析解决一些实际问题。

（4）要有良好的人际关系协调能力。客服不但需要做好本职工作，还要善于协调同事之间的关系，以达到提高工作效率的目的。一般店铺有售前、售后客服之分，工作中会有很多客户转接及沟通，同事关系的好坏会直接影响店铺客户服务的工作效果。

小经验

金牌客服

按照客服入职的年限和自身具备的业务能力，网店客服通常分为初级客服、中级客服和金牌客服。无论是什么级别的客服，企业对客服人员的要求基本相同：了解电子商务礼仪，对电子商务销售有一定的基础；能够熟练地利用电子商务平台和客户进行有效的沟通；了解平台下单流程和商品基本常识，熟悉商品规格及参数；能及时地指导客户完成下单；在本职岗位能够很好地、有针对性地进行品牌宣传；配合公司各项（促销）工作的展开、反馈客户的需求；服从公司的管理，切实维护公司利益。

金牌客服是在普通客服的工作基础上，要求能协助主管完成部门的管理工作，具有对新进员工的培训管理能力；对每个月客户情况做到反馈和统计；协调各个部门处理有关问题；能够独立带领客服团队出色地完成主管安排的任务。

知识拓展

网店客服绩效考核

绩效考核是指企业在既定的战略目标下，运用特定的标准和指标，对员工的工作行为及取得的工作业绩进行评估，并运用评估的结果对员工将来的工作行为和工作业绩产生正面引导的过程和方法。

网店客服绩效考核是对网店的客服工作业绩、工作能力量化的形式，通过各量化指标的考核，可以检测客服人员的工作业绩、工作态度和工作能力。网店客服的考核指标一般包含几个方面，如图 1-13 所示。

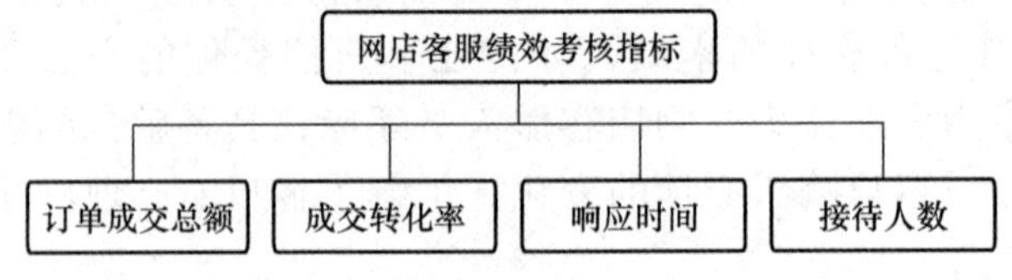

图 1-13　网店客服绩效考核指标图

1. 订单成交总额

订单成交总额是指在公司规定时间内商品交易的总金额，作为客服的绩效考核因素是客服工作效果的直观反映，也最能体现该客服为公司创造的价值。但每个客服接待的客户的购买能力存在差异性，如果仅通过订单成交总额来评价某个客服的工作效率是不够的。比如，客服 A 接待的客户购买能力强，可能会带来高价产品的销售；而客服 B 接待的是消费能力低的客户，那么客服 B 的销售总额是要低于客服 A 的，但我们不能说 B 就一定比 A 差。所以，企业只把订单成交总额作为绩效考核的因素之一。

2. 成交转化率

成交转化率是指到你的店铺浏览或咨询并产生购买行为的人数与到达你的店铺的总人数的比率。

计算方法：成交转化率=（产生购买行为的客户人数/所有到达店铺的访客人数）×100%

3. 响应时间

响应时间包括首次响应时间和平均响应时间。首次响应时间是指客服第一次对客户回复用时的平均值。平均响应时间是指客服对客户每次回复用时的平均值。响应时间没有标准的考核值，企业根据经营的商品类别，确定对客服响应时间的考核标准。通常，响应时间受到工作繁忙、店内做促销活动、流量高峰期等因素影响。

订单成交总额和成交转化率都是按照客服工作效果来进行考核的，响应时间反馈出客服的工作效率，同时更快的响应时间也能带来更好的用户体验。

4. 接待人数

接待人数是指客服在一定时间内接待客户的数量。企业把接待人数列为客服考核的因素，希望给客服一些工作压力。接待人数是上述这些因素中的一个压力机制。但是，接待的人数越多，并不就意味着一定会为店铺带来更多的转化率和更高的收益。

任务评价

结合理论知识学习和任务实施的具体过程，将操作内容记录在表 1-7 中，并对完成效果进行评价。

要求：表 1-7 列出的 2 个知识点，第 1 个是要完成本任务必须掌握的，第 2 个能有一定的了解即可；3 个技能点重在信息分析能力的培养。

表 1-7 网店客服岗位素质知识与技能评价表

项　目	内　容	简要介绍	评价				
			很好	好	一般	差	很差
知识	网店客服的基本素质						
	网店客服绩效考核的主要内容						
技能	信息收集能力						
	信息整理能力						
	信息分析能力						

项目二

售前准备及咨询接待

项目导学

网店售前客服利用网络接待客户，并通过一定的沟通技巧获取信息，为客户提供产品介绍、产品推荐，以及解决客户疑问等服务，促使客户做出购买决定，促成订单。售前客服接待的好坏不仅直接影响店铺的销量，还对品牌形象、店铺信誉等产生影响。

通过本项目的学习，您会对第三方电子商务平台、天猫规则、天猫平台常见活动方式、售前客服必备知识、售前客服必须掌握的工具、售前接待流程和沟通技巧有一定的了解，在今后接待客户时知道如何应对。

项目目标

- 了解第三方电子商务平台的含义
- 了解天猫平台规则，会规避交易风险
- 熟悉天猫活动方式及内容
- 掌握售前客服必备的专业知识
- 熟练应用客服常见工具，提高接待效率
- 学会更好地与客户沟通，更好地服务客户

任务一　熟知第三方平台规则

情景导入

张婷收到了杭州莫畏实业有限公司的录用通知书，上班第一天就接受员工培训，培

训老师布置的第一个任务是熟悉天猫规则，然后接受测试。于是张婷打开计算机，开始收集、查看天猫规则，希望能在测试中取得好成绩，给培训老师及公司留下好印象。

情景分析

张婷要想收集、查看最新、最全的天猫规则，可进入天猫官方网站进行查看；要想在测试中取得好成绩，要重点关注与企业利益息息相关的"处罚方式"介绍，学习如何规避违规行为。

任务实施

任务实施导航结构图：

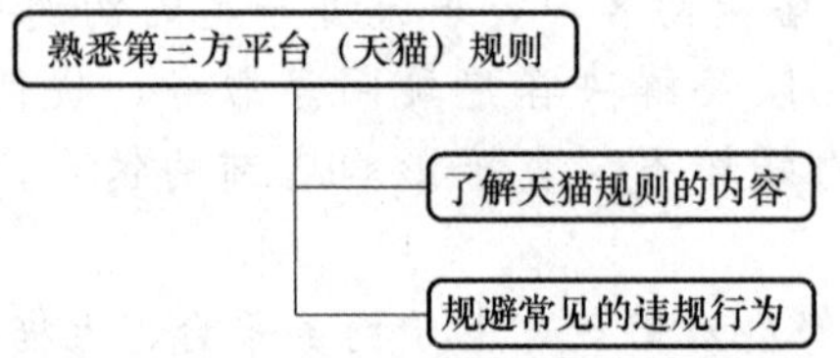

目前越来越多的企业利用第三方平台开展网络营销活动，本环节以中国最大的为品牌及零售商而设的第三方平台天猫为例，了解天猫规则，掌握天猫规则中的处罚方式，学习常见规避违规的方法等，为做一名合格的天猫客服进行一定的知识储备。

走进企业

天猫（www.tmall.com）创立于 2008 年 4 月，致力于为日益成熟的中国消费者提供选购顶级品牌产品的优质购物体验，是中国最大的为品牌及零售商而设的第三方平台。迄今为止，天猫已经拥有 4 亿多买家，5 万多家商户，7 万多个品牌；多种新型网络营销模式正在不断被开创。

一、了解天猫规则的内容

无规矩不成方圆，在天猫平台有非常多的规则，天猫客服在学习应该怎么做之前，必须要知道什么事不能做，这是所有客服第一课。

1. 进入天猫网站。在地址栏输入天猫网址 www.tmall.com 或利用百度搜索"天猫"官网，单击进入天猫首页，如图 2-1 所示。

2. 进入天猫规则网页。将鼠标移至网页右侧滚动条处，按住滚动条拖至网页最下方，出现如图 2-2 所示页面，单击"商家服务"下的"天猫规则"进入天猫规则页查看，如图 2-3 所示。

图 2-1　天猫官网首页

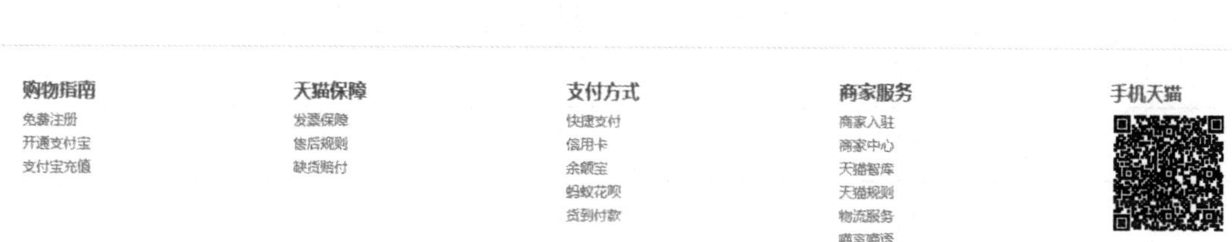

图 2-2　天猫官网首页低端

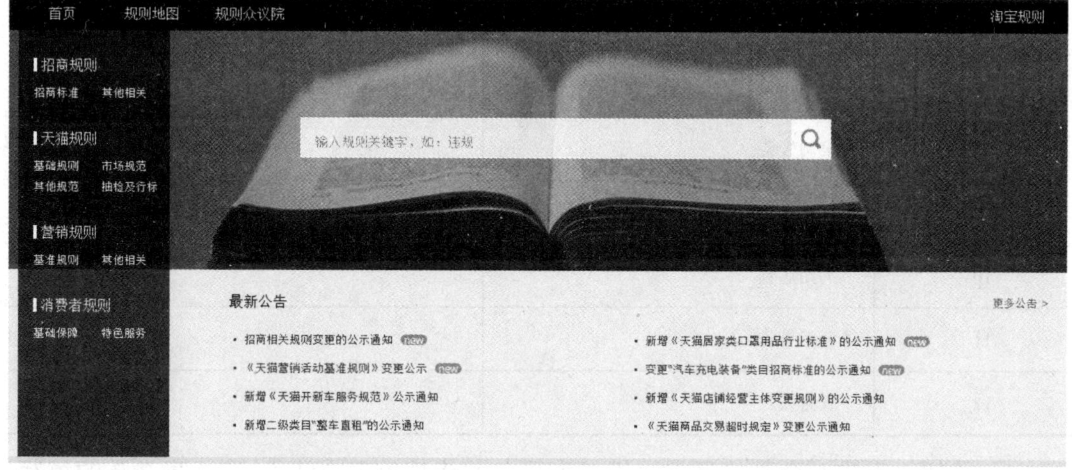

图 2-3　天猫规则页面

也可直接在浏览器中输入天猫规则网址：http://guize.tmall.com，单击链接进入图 2-3 所示的天猫规则网页。

3．查看天猫规则。分别查看天猫规则页中的“招商规则”“天猫规则”“营销规则”“消费者规则”，然后单击“规则地图”，在进入的网页中单击“天猫规则”或在关键词文本框中输入“违规管理”，认真查看规则内容，完成以下题目的填写：

（1）天猫规则是为了____________________________________而制定的。

（2）学习“违反天猫规则的行为”相关内容，完成表 2-1 的填写。

表 2-1　违反天猫规则的行为分类

编　号	行　为	共 几 项	具 体 介 绍
1			
2			

（3）了解“天猫违规处理措施”，完成表 2-2 的填写。

表 2-2　天猫违规处理措施

编　号	违规处理措施	详 细 介 绍
1	店铺屏蔽	
2	删除评价	
3	限制评价	
4	限制发布商品	
5	限制发送站内信息	
6	限制社区功能	
7	限制买家行为	
8	限制发货	
9	限制使用阿里旺旺	
10	关闭店铺	
11	公示警告	
12	查封账户	

（4）了解“天猫对会员的严重违规行为采取的违规处理方式”，完成表 2-3 的填写。

表 2-3　天猫对会员严重违规行为处理方式

商家违规行为		处 理 方 式
严重违规	扣分累计达 12 分	
	扣分累计达 24 分	
	扣分累计达 36 分	
	扣分累计达 48 分	
一般违规	每扣 12 分	
	违背承诺或滥发信息	

（5）了解“严重违规”行为，完成表 2-4 的填写。

表 2-4　天猫严重违规行为的内容

编　　号	严重违规行为	具 体 介 绍
1	发布违禁信息	
2	盗用他人账户	
3	泄露他人信息	
4	骗取他人财物	
5	出售假冒商品	
6	假冒材质成分	
7	出售未经报关进口商品	
8	扰乱市场秩序	
9	发布非约定商品	
10	不正当谋利	
11	拖欠淘宝贷款	

（6）了解“一般违规行为”，完成表 2-5 的填写。

表 2-5　一般违规行为的内容

<table>
<tr><th>编　号</th><th colspan="2">一般违规行为</th><th>具 体 介 绍</th></tr>
<tr><td rowspan="5">1</td><td rowspan="5">滥发信息</td><td>发布广告信息</td><td></td></tr>
<tr><td>发布重复信息</td><td></td></tr>
<tr><td>发布规避信息</td><td></td></tr>
<tr><td>发布错误描述信息</td><td></td></tr>
<tr><td>滥发其他信息</td><td></td></tr>
<tr><td>2</td><td colspan="2">虚假交易</td><td></td></tr>
<tr><td>3</td><td colspan="2">延迟发货</td><td></td></tr>
<tr><td>4</td><td colspan="2">描述不符</td><td></td></tr>
<tr><td>5</td><td colspan="2">违背承诺</td><td></td></tr>
<tr><td>6</td><td colspan="2">竞拍不买</td><td></td></tr>
<tr><td>7</td><td colspan="2">恶意骚扰</td><td></td></tr>
<tr><td>8</td><td colspan="2">不当注册</td><td></td></tr>
<tr><td>9</td><td colspan="2">未依法公开或更新营业执照信息</td><td></td></tr>
<tr><td>10</td><td colspan="2">不当使用他人权利</td><td></td></tr>
</table>

二、规避常见的违规行为

1. 分析常见的“严重违规行为”。阅读下面的案例，分析此种违规行为是什么？该如何规避？

小案例

买家“a”买东西，用“b”拍下，后用“a”和商家客服核对地址，商家客服贴出“b”地址后，“b”投诉商家泄露自身信息给“a”，因此商家在将消费者信息给到第三方的同时务必征得消费者的同意。未经同意，切勿将消费者信息泄露给第三方。

（1）案例中的严重违规行为属于____________________

（2）你认为案例中涉及的严重违规行为该如何规避？

____

____

____

小提示

泄露他人信息，是指未经允许发布、传递他人隐私信息，涉嫌侵犯他人隐私权的行为。泄露他人信息的，天猫删除会员所泄露的他人隐私资料的信息，每次扣 6 分，情节严重的，每次扣 48 分。

要规避泄露他人信息这一项违规行为，一定要留意，与客服核对信息或修改信息的是否是拍下付款的旺旺号本人，如果不是，就礼貌拒绝。例如，可以使用话术："亲，非常抱歉，为了保证会员信息的安全性，请用拍下付款的账号联系我们核对（修改）信息，谢谢。"

有一种例外状况，在本人同意的情况下，可以把信息告知他人。例如："A"在网店成功购买宝贝后告知我们，之后"B"来询问收货信息的时候可以把收货信息给他。在这种经本人同意的情况下，就可以把"A"的收货信息告知"B"。

2．分析常见的"一般违规行为"。

（1）阅读下面的案例，分析此种违规行为是什么？该如何规避？

小案例

买家"a"在旺旺上询问商家"b"××商品今天是否可以发货，商家"b"表示可以，买家"a"随后就拍下一件货到付款的商品，要求商家发货，商家因为快递的原因无法及时发货，从而引发纠纷。商家在回答买家发货问题时，请注意问清楚买家需求，切勿随意答复。

（1）案例中的严重违规行为属于________________

（2）你认为案例中涉及的严重违规行为该如何规避？

____

____

____

小提示

延迟发货是指除特殊商品外，商家在买家付款后实际未在 72 小时内发货，或定制、预售及其他特殊情形等另行约定发货时间的商品，商家实际未在约定时间内发货，妨害买家购买权益的行为。商家的发货时间，以快递公司系统内记录的时间为准。

存在以下情形的，天猫不强制支持赔付，由买卖双方自行协商确定：滥用延迟发货规则发起赔付申请的；经新闻媒体曝光、国家行政管理部门通报或经淘宝排查发现，商品本身或信息涉嫌违法违规的，为保障消费者权益，天猫要求商家立即停止发货的。

客户问及发货时间这个敏感问题的时候，客服尽量不要把话说得太绝对。例如案例中，商家"b"如果是说"尽量帮'a'当天发出"，这样就不会构成违规。

（2）阅读下面两个案例，分析违规行为是什么？该如何规避？

小案例

A：买家“a”与客服“b”联系，如果“b”愿意给他发顺丰快递，“a”就购买商品，经过协商后“b”同意给“a”安排顺丰快递。不过“a”一直没有拍下订单，等到18：00，“b”下班之后，“a”才购买宝贝，结果由于客服“b”已经下班，没有及时备注安排，最后发了商家默认的申通快递，从而造成纠纷，客户“a”投诉“b”。

B：买家“a”通过旺旺和商家联系，表示会介绍一个买家“b”购买商品，但对方要求发票高开金额，商家表示可以但需要加税点；之后买家“b”和商家联系，商家主动提出开发票需要加税点，从而引发纠纷。

（1）案例中的严重违规行为属于______________________________

（2）案例A、B中涉及的严重违规行为该如何规避？

____

____

____

小提示

违背承诺，是指商家未按照承诺向买家提供以下服务，妨害买家权益和/或未按照承诺向淘宝履行以下义务的行为。违背承诺的，商家须继续履行法定或约定的如实描述、赔付、退货、换货、维修、交付发票等义务。

（1）商家违背以下任一承诺的，每次扣6分：

1）淘宝判定商家确实应该承担退货、退款等售后保障责任但商家拒绝承担的。

2）淘宝判定商家确实应该承担七天无理由退换货售后保障责任但商家拒绝承担的。

3）商家参与“试用中心”活动，但却在买家报名成功后拒绝向买家发送或延迟发送已承诺提供的试用商品的。

4）买家选择支付宝担保交易，但商家拒绝使用的。

5）加入货到付款或信用卡付款服务的商家，拒绝提供或者拒绝按照承诺的方式提供前述服务的。

6）加入淘宝官方活动的商家，未按照活动要求（除发货时间外）履行的。

（2）商家违背以下任一承诺的，应承担相应的后果和责任。如需继续履行的，天猫将督促商家继续履行其义务：

1）商家拒绝提供或者拒绝按照承诺的方式提供发票的（特定商品除外）。

2）商家通过阿里旺旺等方式引导买家在天猫外进行交易的。

（3）商家就已付款订单或特殊情形下对应的商品或服务有未履行的其他承诺的，每次扣4分。

遇到案例A中的情况，客服应该在下班的时候告知买家，并且提醒买家在购买后需联系其他在线客服，调换快递。客服在接待买家时要谨慎承诺，如果已承诺买家某些要求，要做好交接工作，保证完成相应的承诺。

天猫对发票有三点要求：天猫商家必须开发票，发票信息必须准确，不能以发票为理由向买家收取任何形式的费用（邮费或税点）。基于此，案例B中的客服应该直接同意买家开发票的要求，并告诉买家“a”天猫的规定，只能据实开，而且不收取额外费用。

知识链接

一、规则概述

1. 规则的含义

规则是指运行、运作规律所遵循的法则。规则一般指由群众共同制定、公认或由代表人统一制定并通过的，由群体里的所有成员一起遵守的条例和章程。简言之，规则是指规定出来供大家共同遵守的制度或章程。

2. 规则的特点

规则主要具有以下三大特点：普遍性、制约性、可变性。

（1）普遍性。规则是由于得到每个社会公民承认和遵守而存在的，是多种多样的，是规定出来供大家共同遵守的制度或章程。规则使我们的生活更加有条理，规则是普遍存在的。

（2）制约性。社会由各种规则维持着秩序，不管规则是人为设定的还是客观存在的，只要是规则，便具有制约性。因为规则都具有绝对或相对的约束力。在这种制约性中包含着个体切身的利害关系，因此规则的制约性是普遍存在的，也是不可消除的。

（3）可变性。规则不是一成不变的。有许多规则随着社会的发展相继废立，也有许多规则随着生活的需要而不断完善。

二、电子商务网站规则

电子商务网站规则是指网站对用户（买方和卖方）增加基本义务或限制基本权利的一系列条款。

电子商务企业无论是自建平台，还是借助第三方平台开展电子商务活动，都必须遵循一定的电子商务交易规则。第三方电子商务平台按照特定的交易与服务规范，为买卖双方提供服务，会针对买卖双方制定一系列的规则，来约束买卖双方的行为。如第三方电子商务平台“天猫”的规则主要有卖家规则、消费者规则、交易规则、商品排名规则、评价规则、交易纠纷规则等。

不同第三方平台的规则不尽相同，同一网站规则也不是一成不变的，会根据具体情况发生变换，用户要不断关注网站规则变化情况，规避一些违规行为。

小知识

第三方电子商务平台，也称为第三方电子商务企业，泛指独立于产品或服务的提供者和需求者，通过网络服务平台，按照特定的交易与服务规范，为买卖双方提供服务的企业。服务内容可以包括但不限于“供求信息发布与搜索、交易的确立、支付、物流”。

任务评价

结合理论知识学习和任务实施的具体过程，将操作内容记录在表 2-6 中，并对完成效果进行评价。

要求： 表 2-6 列出的 3 个知识点需要有一定的了解；2 个技能点是售前客服必须掌握的，为本次评价的重点。

表 2-6 第三方平台知识与技能评价表

项 目	内 容	简要介绍	评价				
			很好	好	一般	差	很差
知识	规则的含义						
	规则的特点						
	电子商务网站规则的内容						
技能	查看第三方规则的内容						
	规避常见违规行为的方法						

任务二 储备营销活动、付款及物流知识

情景导入

第一天的培训结束后，杭州莫畏实业有限公司客服主管给新入职员工布置了一个任务：思考客服必备的知识有哪些？为第二天的培训做好准备。

情景分析

作为一名天猫客服，需要掌握的必备知识主要包括熟悉淘宝专业名词，掌握天猫店铺活动知识，了解物流及付款知识等。

任务实施

任务实施导航结构图：

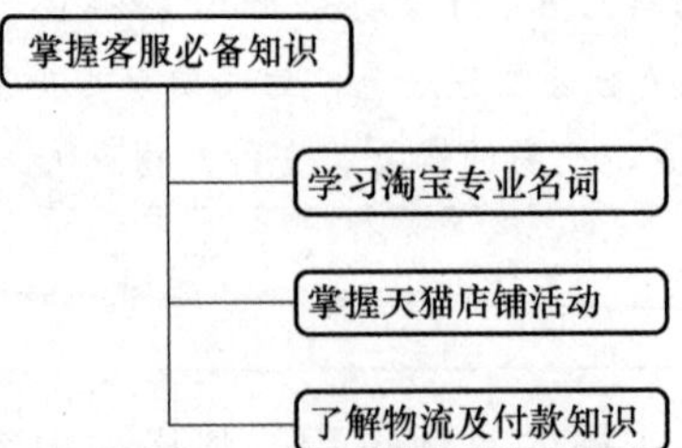

一、学习淘宝专业名词

专业才能赢来信任，所以掌握行业专业知识，是在客服进阶过程中必备的一环，请根据自己的理解完成表 2-7 第三列的填写，然后利用网络查询淘宝对专业术语的解释，填写在表中。

表 2-7　淘宝专业术语介绍

编　号	专业名词	个人理解	官方定义
1	淘宝		
2	用户		
3	会员		
4	买家		
5	卖家		
6	拍下		
7	订单		
8	成交		
9	下架		
10	包邮		
11	退货运费险		

二、掌握天猫店铺活动

1．进入天猫网站。打开 IE 浏览器，在地址栏输入 www.tmall.com，进入天猫首页。

2．进入“商家中心”。拖动网页右侧的滚动条至网页底端（见图 2-4），单击“商家中心”进入，如图 2-5 所示。

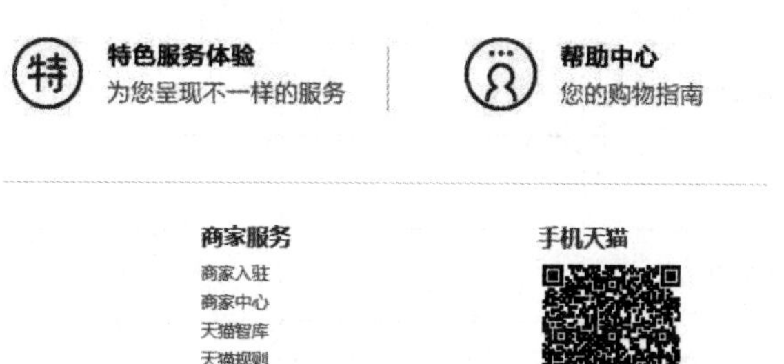

图 2-4　天猫首页底端

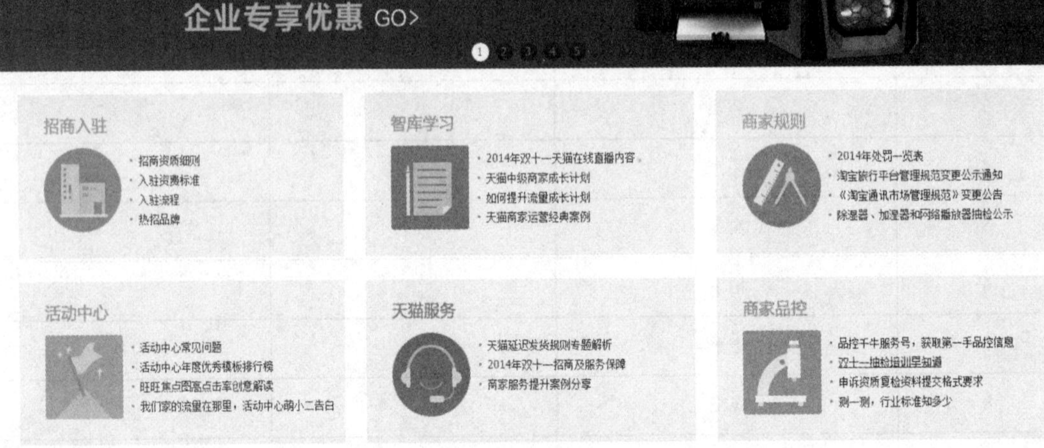

图 2-5 天猫“商家中心”网页

3. 查看“营销推广”活动介绍。单击“营销推广”下的内容链接，完成表 2-8 填写。

表 2-8 天猫营销推广活动

编　号	运营推广活动	简 单 描 述	推广设置方法及流程
1	特价宝		
2	搭配宝		
3	限时打折		
4	搭配套餐		
5	店铺优惠		
6	店铺优惠券		
7	商品优惠券		
8	淘宝直通车		

（续）

编　号	运营推广活动	简 单 描 述	推广设置方法及流程
9	钻石展位		
10	淘宝客		
11	广告运营		
12	二维码		

三、了解物流及付款知识

1. 了解天猫物流知识。

（1）进入天猫“帮助中心”。将鼠标移至天猫首页右上角的“网站导航”，在出现的提示页中单击“帮助中心”，如图 2-6、图 2-7 所示。

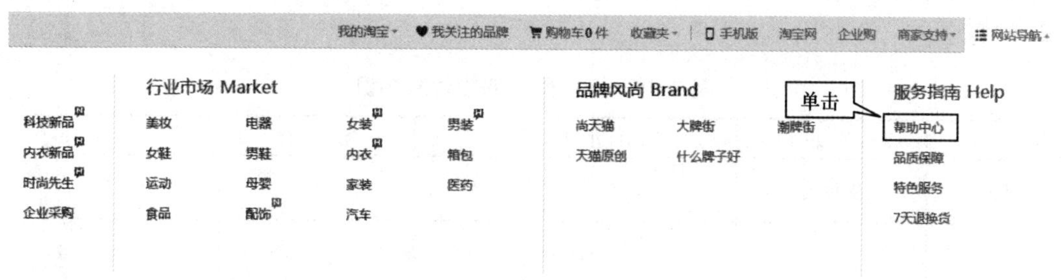

图 2-6　天猫网站导航

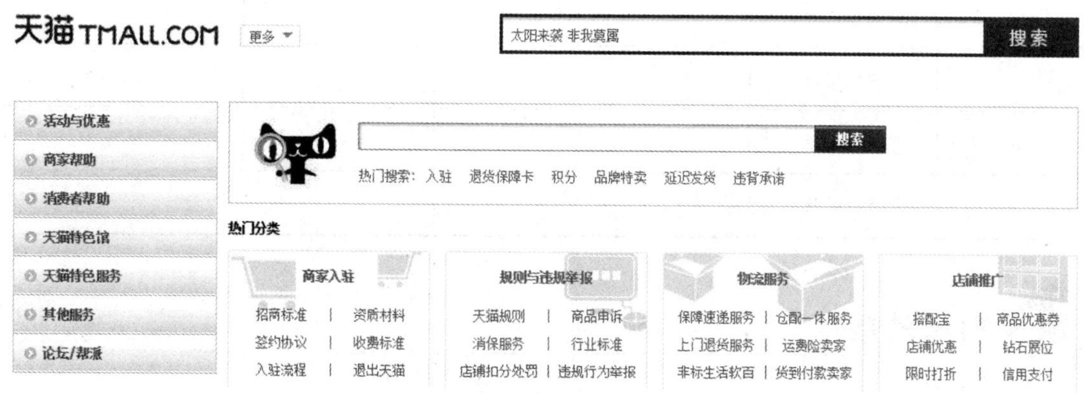

图 2-7　天猫帮助中心

（2）查看“物流服务”信息。单击图 2-7 所示的“物流服务”下的链接进行查看，完成表 2-9 的填写。

表 2-9　天猫物流服务介绍

编　　号	物 流 服 务	简 单 描 述	操作方法/流程
1	E 速宝		
2	保障速递服务		
3	仓配一体服务		
4	运费险		
5	货到付款		
6	非标——生活软百		
7	非标——良物流		
8	家装服务		

2．了解天猫“付款知识”。根据掌握的付款知识，或利用网络收集相关信息，完成表 2-10 的填写。

表 2-10　淘宝网上购物付款知识

编　　号	付 款 方 式	详 细 介 绍	优　　势	不　　足
1	支付宝			
2	余额宝			
3	蚂蚁花呗			
4	网银付款			
5	快捷支付			
6	他人付款			
7	货到付款			

知识链接

一、营销活动

营销活动是电商企业常用的营销手段，活动的目的主要是销售更多的产品。下面以天猫为例，介绍相关营销内容。天猫活动一般分为常规活动、大型活动和特大型活动，如图 2-8 所示。

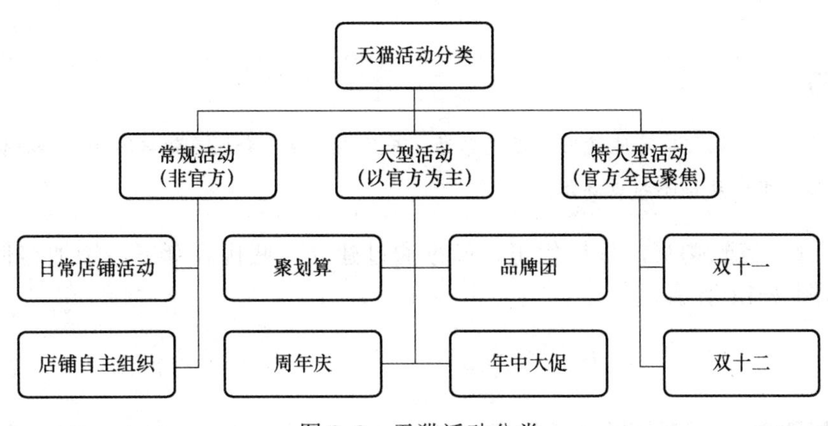

图 2-8　天猫活动分类

（一）常规活动

1. 常规活动的含义

常规活动可以理解为非官方活动时间，天猫店铺自主进行的营销活动，如对客户进行一些优惠或赠送小礼品等。

2. 常见的常规活动方式

常见的常规活动方式，如图 2-9 所示。

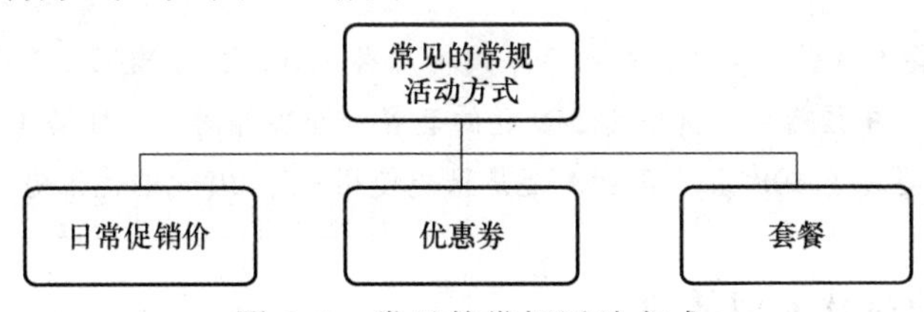

图 2-9　常见的常规活动方式

（1）日常促销价。商家通常会为商品设置两个价格：一个是原价，一个是日常促销价，如图 2-10 所示。原价即商品的吊牌价，日常促销价是实际要销售的价格，通过价格之间的对比，让客户觉得优惠，从而引导客户下单。

图 2-10　专柜价与日常促销价

（2）优惠券。商家通过优惠券的形式让利给买家，优惠券有无门槛使用和设置一些限制使用两种。通常店铺会设置一些限制，如消费金额满 498 元，可以使用 20 元优惠券等，如图 2-11 所示。

图 2-11　店铺优惠券

小经验

一般情况下，单笔订单只能使用一张优惠券，并且优惠券都会设置领取限制，一种优惠券的数量不超过 2 张，单个店铺不超过 5 张。

（3）套餐。搭配购买，价格优惠，商家通过建立一些优惠套餐，增加客件数，提高客单价，如图 2-12 所示。

图 2-12　店铺搭配套餐

小提示

一般情况下，套餐不可以与其他商品组合享用优惠券。如买家 A 领取了“满 498 减 20”和“满 798 减 50”的优惠券，并且购买了价格为 519 元的套餐和套餐外的一件外套（价格为 400 元），虽然购买的总价格已经超过了 798 元，但是 A 还是只能使用一张 20 元的优惠券。

（二）大型活动与特大型活动

大型活动与特大型活动主要为官方活动，活动期间，因为平台的流量巨大，所以商家会进行大力度促销活动，平台也会创建一些官方活动，让商家报名参与。

1. 常见的大促活动

常见的大促活动主要有满送、送红包、活动促销价等，如图 2-13 所示。

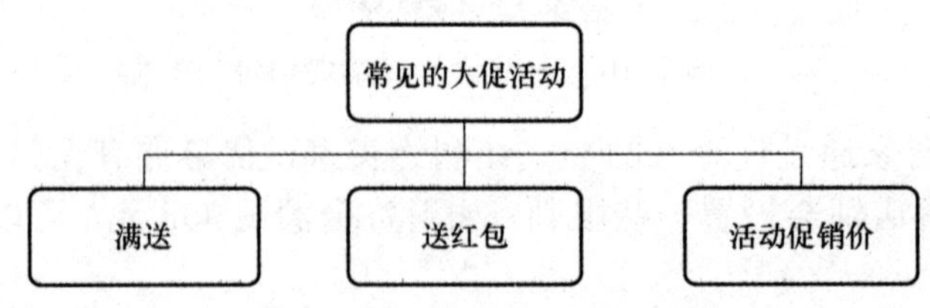

图 2-13　常见的大促活动

（1）满送。商家会在活动期间通过设置一些价格限制和数量限制，满足条件就赠送相应的礼品，通过这个活动，商家可以提高客单价，并且刺激客户尽快下单，如图 2-14 所示。

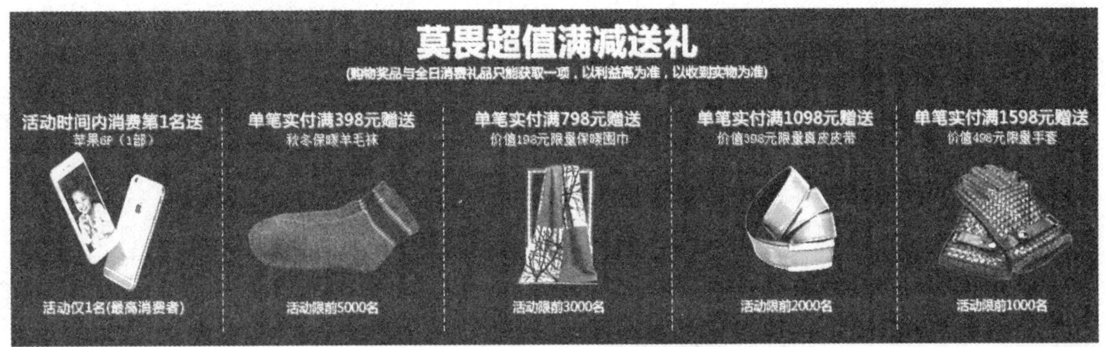

图 2-14　满送大型促销活动

（2）送红包。红包区别于优惠券，优惠券只能使用一张，并且通常会有价格限制，而红包没有这些限制，完全可以作为现金使用。商家赠送红包的方式，通常是要求买家与商家进行一些互动或者是购物后赠送。图 2-15 所示的是满××送××现金红包的方式。

满返 现金红包　12.12 每满 100 返 5 元通用现金红包 (上不封顶)

图 2-15　满返现金红包

（3）活动促销价。官方大型活动通常会要求商家参与活动的商品，必须低于日常销售最低价××折，这就是活动促销价。也正因为如此，在官方活动的时候，买家下单欲望就更强烈。如图 2-16 所示的双 12 感恩价，就是活动促销价。

图 2-16　活动促销价

小知识

限时打折

限时打折是淘宝提供给卖家的一种店铺促销工具，订购了此工具的卖家可以在自己的店铺中选择一定数量的商品在一定时间内以低于市场价的价格进行促销活动。活动期间，买家可以在商品搜索页面根据“限时打折”这个筛选条件找到所有正在打折的商品。

2. 特色活动

由于大促购物氛围浓重，商家们会绞尽脑汁策划一些有特色的活动，让买家参与度更高，从而提高活动销售额。下面简单介绍两种特色活动：

（1）免单。设置时间段，按名次或按一定的条件来减免订单的金额，如前 500 名免单、买 4 免 2（即买 4 件免 2 件价格低的商品），如图 2-17 所示。

图 2-17　免单活动

（2）福袋。设置一个福袋宝贝，客户购买时可随机获得×件商品，商家通常会配合福袋做一些清仓活动，如莫畏双 12 超值福袋就是随机赠送 2～5 件衣服，如图 2-18 所示。

图 2-18　福袋活动

二、物流知识

客服的专业知识中，物流知识是非常重要的一个部分，因为在客服工作过程中会经常遇见客户咨询物流问题，如包邮吗？快递费用是多少？能发顺丰吗？什么时候发货？多久能到？

作为一名客服，一般要掌握以下物流知识：

1. 配送费用

配送费用一般由卖家决定是卖家承担（即包邮）还是买家支付。少数情况下买卖双方协商各自承担一定的配送费用。

包邮是指卖家对所售商品承担大陆地区（指除香港、澳门、台湾地区以外的中国所有省、直辖市和自治区）首次发货的运费。包邮分为无条件包邮和设置一些条件的包邮，如 1 件包邮、2 件包邮、满 88 元包邮等。例如，天猫超市设置了 88 元包邮，很多客户有意识地购买了一些原本没打算买的商品去凑单，从而增加了客单价。

小经验

包邮也是一个卖点，客服在售前咨询接待的时候，可以利用这个卖点促成交易或者进行关联销售等。

2. 发货时间

一般情况下，天猫规定商家必须在 72 小时内完成发货，双 11（11 月 11 日—11 月 17 日付款）订单和双 12（12 月 12 日—12 月 18 日付款）订单需在 20 日前完成发货。

3. 配送方式

常用的配送方式主要有：平邮、快递、物流。

（1）平邮。平邮是中国邮政一项寄送信与包裹的业务总称，是最慢的一种运送方式，无法查询物流信息，但是价格比较实惠，而且网点多，适合发往偏远地区时使用。平邮一般运送时间为全国 7 天到 30 天，平邮不像快递会送货上门，邮递员事先会将通知单发送至您“平邮普通信封的家庭信箱或门卫”，用户需要凭通知单和收件人身份证去就近邮局领取包裹，这种方式淘宝卖家目前很少采用。

（2）快递。快递是指快递公司通过铁路、公路和空运等交通工具，对客户货物进行快速投递，其特点是：点到点，快递员投递到户，快速方便。原来快递公司发送外省件采用空运方式的较多，所以无论外省和省内均能做到隔天到货，但价格较贵，一般外省较远的至少要 15 元。现在高铁和高速公路发达了，走航空的少了，价格相对便宜，只是时间长了些。常用的快递公司有：申通、圆通、中通、汇通、韵达、EMS、天天快递、顺丰速运、一邦速递、宅急送等。

小经验

顺丰、EMS 及其他快递公司的到货时间及费用见表 2-11。

表 2-11 快递到货时间与费用比较

快递公司	到货时间/天			费用/元		
	江浙沪皖	其他地区	偏远地区	江浙沪皖	其他地区	偏远地区
顺丰	1	1～2	2～3	12	22	22～24
EMS	1～2	2～5	3～7	22	22	22
其他快递	1～2	2～3	3～5	6	12	22

注：以最新业务介绍为准。

走进企业

顺丰速运

顺丰速运（集团）有限公司于1993年3月26日在广东顺德成立，是一家主要经营国际、国内快递业务的港资快递企业。初期的业务为顺德与香港之间的即日速递业务，随着客户需求的增加和国内经济的蓬勃发展，顺丰将网点进一步扩大到广东省以外的城市。顺丰作为一家主要经营国际、国内快递业务的港资快递企业，为了向客户提供更便捷、更安全的服务，顺丰速运网络全部采用自建、自营的方式。经过二十几年的发展，顺丰已经拥有6万多名员工和4000多台自有营运车辆，30多家一级分公司，2000多个自建的营业网点，服务网络覆盖20多个省、直辖市和香港、台湾地区，100多个地级市。顺丰速运是目前中国速递行业中投递速度最快的快递公司之一。顺丰速运的特点主要有：

（1）时效快：顺丰是目前中国速递行业中投递速度最快的快递公司。

（2）服务好：顺丰较于目前中国其他快递公司，服务是最好、最完善的。

（3）价格高：速度快，服务好，同样的它的价格相对于其他快递公司要高得多。

EMS

EMS（Express Mail Service），邮政特快专递服务，是由万国邮联管理下的国际邮件快递服务，是中国邮政提供的一种快递服务。该业务在海关、航空等部门均享有优先处理权，它以高质量为用户传递国际、国内紧急信函、文件资料、金融票据、商品货样等各类文件资料和物品。

EMS的优势主要有：

（1）目前中国范围内最广的快递，到全国各大中城市为10天，到县乡为20天。

（2）网络强大，全国2000多个自营网点。任何地区都能到达。

（3）限时速递，相当快。100个城市之间的速递，能送货到手。

（4）货物丢失损坏率一直维持在1%以下，安全性较高。

（5）为了保证客户服务质量，法定节假日均保持营业，天天配送（农村地区节假日除外）

（3）物流。物流公司一般是运送大宗货物的，缺点是慢，不送货上门，优点为发货费用便宜。如果产品体积大、重量大等可以采用，一般小件不选这种公司。现在也大多可以到达目的城市后另外付费送货上门了。常用的公司有佳吉物流、德邦物流等。

三、付款知识

付款是购物中必有的一环，客服要熟记付款方面的知识，确保在遇到客户提问时从容应对。淘宝付款方式主要分为四种：官方平台支付付款、银行卡付款、货到付款、他人付款，如图2-19所示。

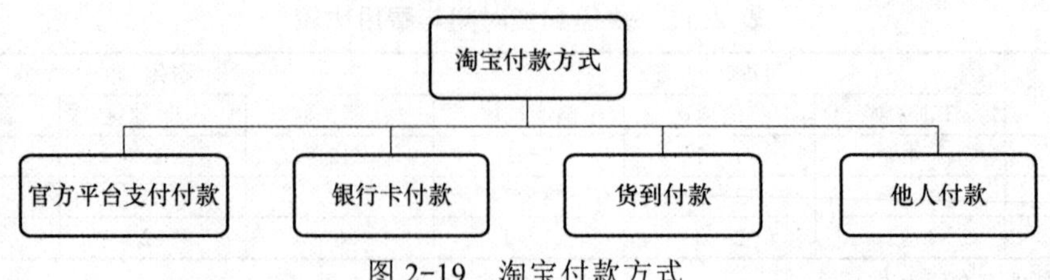

图2-19 淘宝付款方式

1. 官方平台支付付款

官方的付款方式主要有三种，即支付宝、余额宝和蚂蚁花呗。

（1）支付宝。支付宝（中国）网络技术有限公司是国内领先的独立第三方支付平台，是阿里巴巴集团的关联公司。支付宝致力于为中国电子商务提供“简单、安全、快速”的在线支付解决方案。

用户通过对支付宝充值，然后使用支付宝余额进行付款。支付宝账户内的资金被称为余额。充值到余额、支付时使用余额以及余额转出都是当前最常见的服务。银行卡中的资金可以通过网银和快捷支付的方式划转到支付宝账户。目前 20 多家银行可通过网银和 170 多家银行可通过快捷支付的方式充值到支付宝余额。使用余额支付时基本没有额度限制，用户可以先多次充值再付款。

支付宝余额还可随时提现，用户可以将余额提现至自己绑定的银行卡。

（2）余额宝。余额宝是支付宝新推出的余额增值服务，实际上是由天弘基金提供的名为“增利宝”的货币基金，把钱转入余额宝中就可获得一定的收益。转入余额宝的资金不仅可以获得收益，还能随时消费支付，非常灵活便捷，让您赚钱花钱两不误。

余额宝转入支持的方式：支付宝账户余额支付、储蓄卡快捷支付（含卡通）。

余额宝的优势在于额度较大、支付成功率非常高。因为钱在余额宝还能获得理财收益，余额宝占支付宝支付的比例正在逐步升高。

（3）蚂蚁花呗。蚂蚁花呗是由蚂蚁金服提供给消费者“这月买、下月还”的网购服务，是第三方平台的一种信用支付方式，可以理解为虚拟的信用卡，用户确认收货之后在下个月的 10 日之前还款即可。蚂蚁花呗具有以下特点：

1）当月买，下月再还款。要注意的是：淘宝、天猫交易时除部分淘宝旅行、充值、电影票等特定类目外为确认收货后下月还款，其他交易为下单付款后下月还款。

2）免费使用消费额度购物。消费额度是指由蚂蚁微贷经过综合评估后，给予您在指定店铺享受先消费、后付款服务的额度。要注意的是：如果使用花呗分期购，买家需按商家设定的费率承担指定费用。

3）还款方便，可使用支付宝账户余额、账户中绑定的储蓄卡或余额宝余额主动还款或自动还款。

2. 银行卡付款

银行卡付款可以分为两类：网银付款、快捷付款。

（1）网银付款。网银是指银行面向所有用户和场景提供的网上银行综合服务，包括了支付和转账等服务。在支付宝环境下，主要指用户通过网银充值到支付宝账户以及支付时跳转到网上银行扣款。

使用网银付款时，浏览器会跳转到银行网银页面，按银行要求的信息填写进行支付。

（2）快捷付款。快捷付款是为网络支付量身定做的网银服务，主推支付功能，由银行与支付宝直连，保障了支付的安全性和便捷性。其支付成功率达到了 95%左右。

用户可以通过在银行留下的联系方式、银行卡号、手机校验码等信息快速开通快捷支付服务。付款时仅需输入支付宝支付密码。其便捷性更强，支付宝与保险公司承诺用户的资金安全。

快捷付款的缺点主要是部分银行出于多种目的考虑，限制了单日单次支付额度，使得大额支付使用快捷支付不很便利。

小提示

当使用信用卡进行网银支付或快捷支付时如有出现手续费，均是由信用卡对应的银行收取，而非商家收取。

3．货到付款

货到付款是指配送人员把商品送到客户手上以后，客户检查过商品没任何问题再把货款交给快递员的交易方式。

4．他人付款

他人付款是在提交订单的时候，选择找人付款，输入朋友的支付宝账号或淘宝账户（昵称）即可向朋友发送代付申请，如图 2-20 所示。

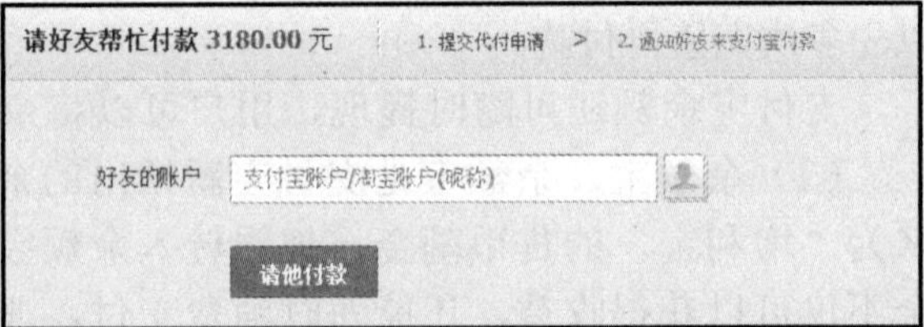

图 2-20　他人代付页面

任务评价

结合理论知识学习和任务实施的具体过程，将操作内容记录在表 2-12 中，并对完成效果进行评价。

要求：表 2-12 列出的 3 个知识点，第 2 个和第 3 个是完成本任务需要掌握的，第 1 个有一定的了解即可；3 个技能点是售前客服在工作前必须了解掌握的，其中物流和付款知识的掌握为本次评价的重点。

表 2-12　售前客服必备知识与技能评价表

项　目	内　容	简要介绍	评　价				
			很好	好	一般	差	很差
知识	营销活动						
	物流知识						
	付款知识						
技能	收集网店营销活动信息						
	收集网店物流信息						
	收集网店付款知识						

任务三　运用客服常用工具

情景导入

要想成为一名优秀的客服，必须熟练掌握客户服务工作的使用，张婷决定开始自学阿里旺旺的使用方法与技巧。

情景分析

随着互联网的飞速发展，网络上的即时通信工具越来越多，作为一名网络营销人员，除了会使用即时沟通软件，还应该掌握一些即时商务沟通软件的使用技巧，方便及时地与客户进行沟通。阿里旺旺有买家版和卖家版（千牛），张婷不仅要了解买家版的使用技巧，还要学会卖家版的使用方法和技巧。

任务实施

任务实施导航结构图：

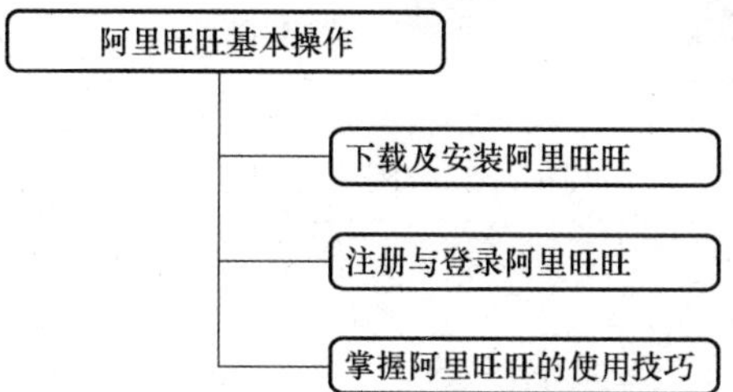

一、下载及安装阿里旺旺

1. 登录淘宝网，进入阿里旺旺首页。登录淘宝网，在网页右下方“阿里 APP”下找到“阿里旺旺”图标（见图 2-21），单击进入到下载界面，如图 2-22 所示。

图 2-21　淘宝首页

图 2-22　阿里旺旺首页

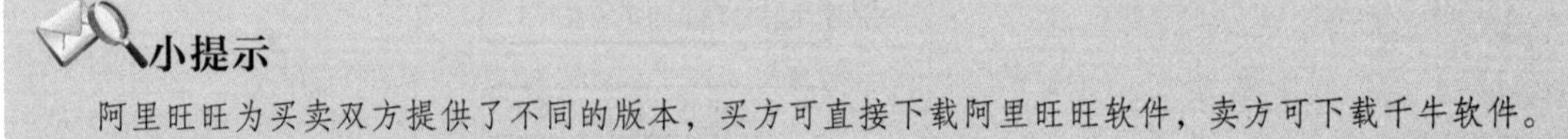

小提示

阿里旺旺为买卖双方提供了不同的版本，买方可直接下载阿里旺旺软件，卖方可下载千牛软件。

2．进入“千牛”下载页面。单击图 2-22 中右上角“阿里旺旺”后的小三角图标，在出现的页面中单击“千牛”，进入“千牛”下载页面。该页面提供了计算机版和手机版下载，如图 2-23 所示。

3．下载计算机版“千牛”。单击“电脑版”，出现如图 2-24 所示页面，可根据个人计算机配置情况，单击“Windows 版”或“Mac Beta 版”进行下载。本环节选择“Windows 版”下载，单击“Windows 版”，出现如图 2-25 所示页面。选择下载路径，单击“下载”按钮。下载完成，出现如图 2-26 所示页面。

图 2-23　千牛下载页面

电脑版　　手机版

Windows 下载

Mac Beta 下载

PC新版本

性能提升50%

双11/双12大促性能实战压测

大量并发聊天，多订单通知等性能大大提升

图 2-24　电脑版下载信息页

图 2-25　千牛下载提示

图 2-26　千牛下载完成提示

4．安装“千牛”。找到千牛安装程序（见图 2-27）并双击，进入安装向导页，如图 2-28 所示。

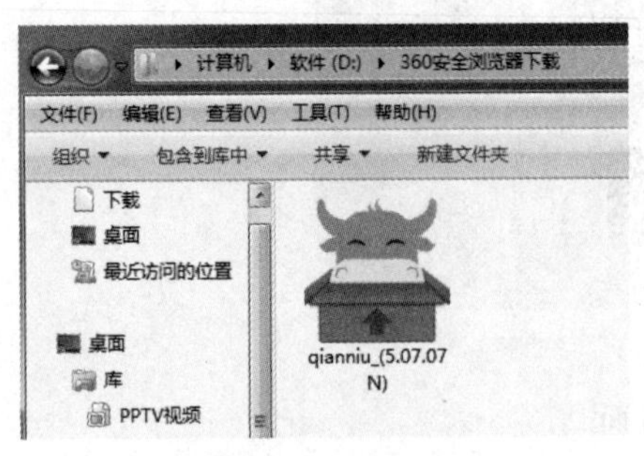

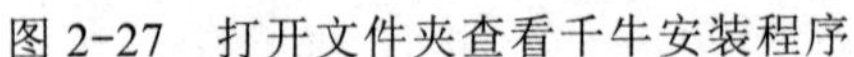
图 2-27 打开文件夹查看千牛安装程序

图 2-28 千牛安装向导页

单击“快速安装”按钮，系统自动完成安装，如图 2-29 所示。

单击“完成”按钮，出现如图 2-30 所示的登录界面。

图 2-29 千牛安装完成提示

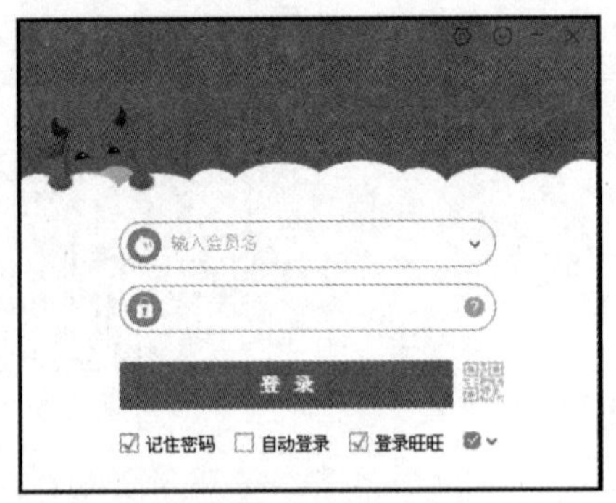

图 2-30 千牛登录界面

二、注册与登录阿里旺旺

1. 注册阿里旺旺账号。已有阿里旺旺账号的可直接进行登录，没有阿里旺旺账号的可进入淘宝网站单击“我要注册”，按提示完成相关操作。

小提示

阿里旺旺的登录名就是淘宝账号名，可以用淘宝账号名直接登录阿里旺旺，不需要另外注册，两者是统一的。

2. 登录阿里旺旺账号。在千牛登录界面，输入账号和密码，单击“登录”按钮即可。

三、掌握阿里旺旺的使用技巧

1. 熟悉阿里旺旺的聊天界面。阿里旺旺的聊天界面如图 2-31 所示。

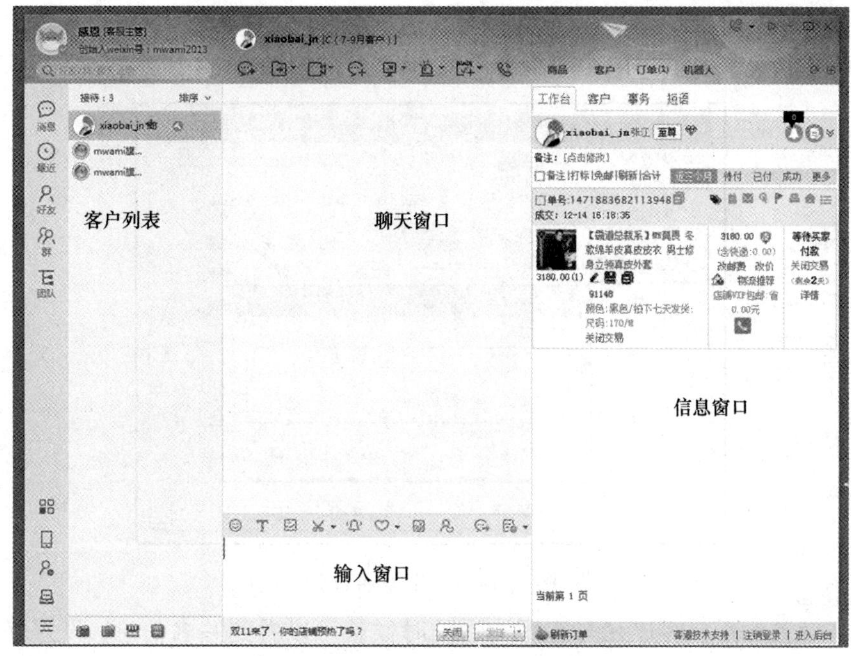

图 2-31　阿里旺旺聊天界面

2．使用阿里旺旺的常用功能。

（1）设置阿里旺旺个性签名。

1）登录千牛账号后，单击“设置”按钮（见图 2-32），进入“系统设置”页面，如图 2-33 所示。也可单击聊天界面左下角的“更多”按钮，进入“系统设置”页面。

图 2-32　阿里旺旺界面

图 2-33　千牛系统设置页面

2）进入系统设置后，单击“个性设置”，选择“个性签名”，单击“新增”按钮，在弹出的文本框中输入内容，单击“保存”按钮即可，如图 2-34 所示。

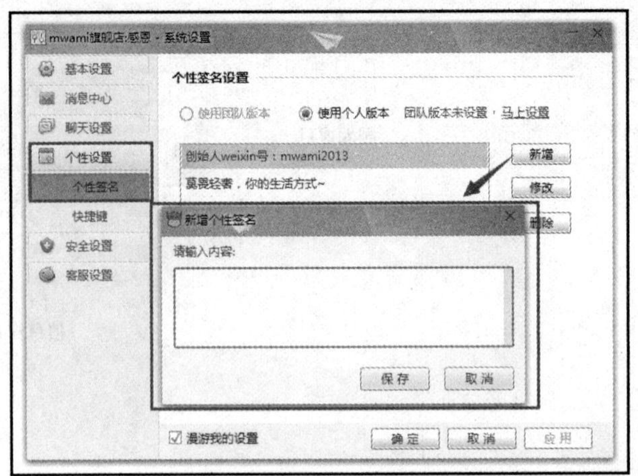

图 2-34　个性签名设计

3）签名设置好后，客户在与客服沟通的时候就可以看到签名信息。设置好个性签名后的聊天窗口如图 2-35 所示。

图 2-35　阿里旺旺聊天窗口

小经验

个性签名对淘宝卖家来说是做宣传的一种好渠道，客服对阿里旺旺个性签名的设置有利于对网店、产品、活动、服务等进行宣传，是很好的一种向客户传递信息的方式。

（2）进行“客服设置”操作。

1）设置自动回复。在系统设置中，单击“客服设置”→“自动回复设置”→“设置自动回复”即可设置进店自动回复、忙碌状态自动回复、离开状态自动回复等，如图 2-36 所示。

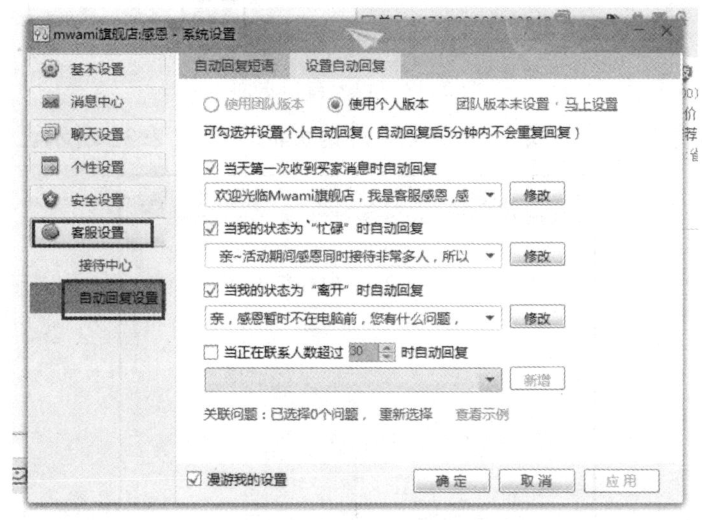

图 2-36　自动回复设置

2）设置自动回复短语。单击“自动回复短语”→“新增”，输入短语，单击“保存”按钮即可，如图 2-37 所示。

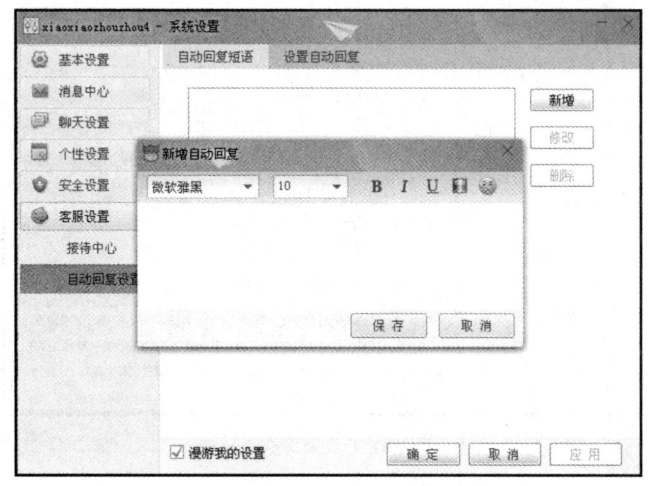

图 2-37　自动回复短语设置

（3）快捷短语设置。快捷回复的设置使用是客服必须掌握的，因为客服每天要接待非常多的客户，为了能服务好每一个客户，客服会给常见问题设置快捷回复，提高接待效率。

1）在聊天窗口，单击输入窗口的“快捷短语”图标，如图 2-38 所示。

图 2-38　聊天窗口页面

2）单击“新建”按钮，进入新增快捷短语页面，如图 2-39 所示。

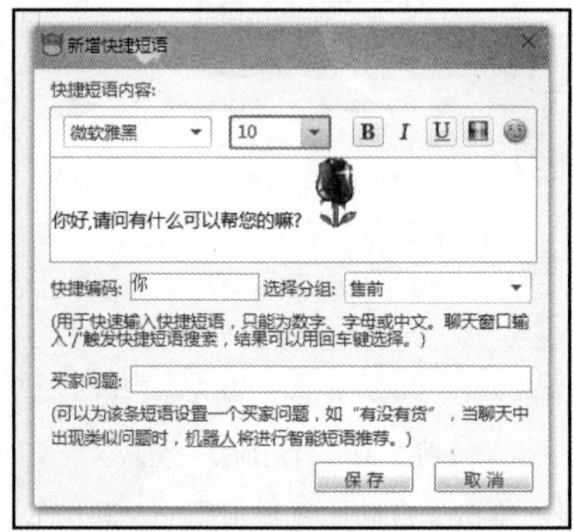

图 2-39　新增快捷短语页面

3）编辑好短语内容，设置好快捷编码，单击“保存”按钮。

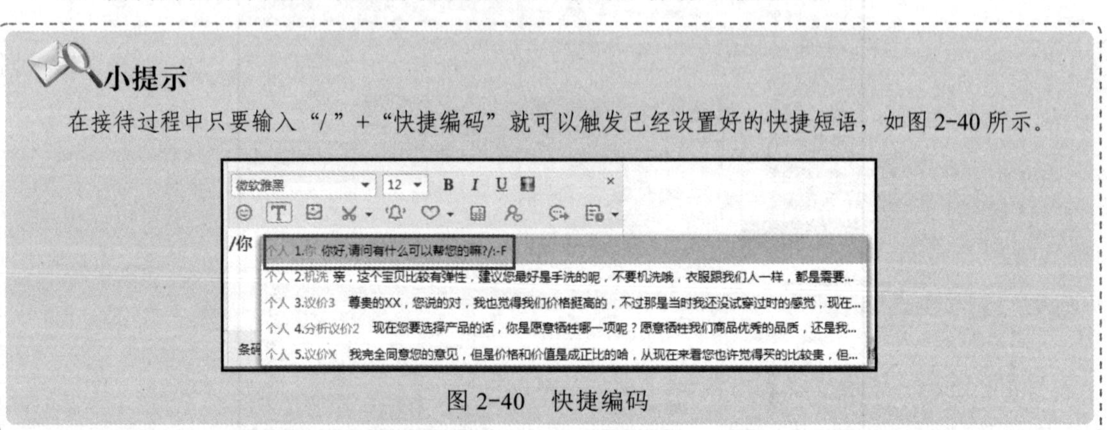

小提示

在接待过程中只要输入“/”+“快捷编码”就可以触发已经设置好的快捷短语，如图 2-40 所示。

图 2-40　快捷编码

小经验

设置快捷短语，能有效地提高客服的工作效率。例如，设计一个问候语，在有人来咨询的时候，可以快速回复，显示出自己的热情与专业；又如，多数客户可能都需要介绍产品的情况，事先做好准备，编写好快捷短语，在接待多个客户询问的时候就不用每次输入同样的话语了。一个优秀的客服善于在工作中总结，将客户经常问到的问题的回答内容编写成快捷短语，方便在咨询接待工作中使用。

（4）进行“交接客户”操作。操作方法：

1）在聊天窗口上方，单击“转发消息给团队成员”按钮，或按<Ctrl+R>组合键，如图 2-41 所示。

2）唤出团队成员名单，选择要交接的对象，即可把客户交接给相应的团队成员，如图 2-42 所示。

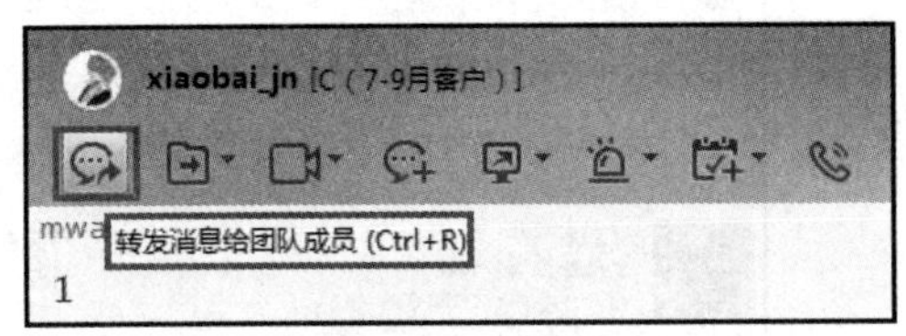

图 2-41　交接客户

图 2-42　团队成员名单

（5）学会“挂起”操作。客服操作“挂起”后，系统就不会再分流新客户到挂起旺旺。操作方法：

单击旺旺聊天窗口右上角的“电话”图标，当出现红色禁止图标时，说明该旺旺已挂起，如图 2-43 所示。

（6）进行“搜索商品”操作。日常接待时，客户会让客服推荐××商品，为了更快速地服务客户，客服通常会使用旺旺的商品搜索功能。操作方法：

单击信息窗口的“商品”按钮，然后单击商品界面“放大镜”图标。在搜索框中输入要搜索的衣服关键词，最后单击“发送”按钮就可以把商品的链接发送给客户了，如图 2-44 所示。

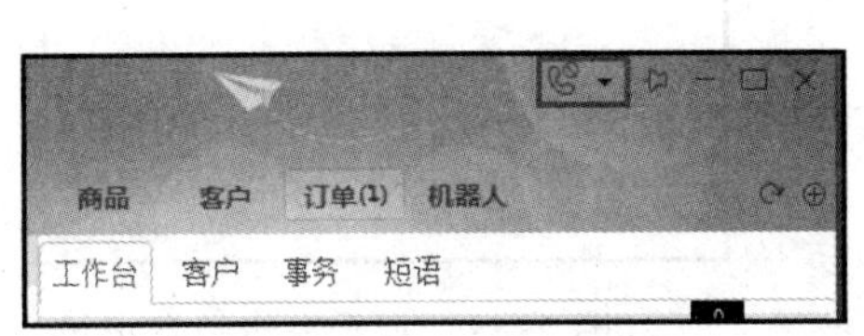

图 2-43　旺旺挂起

图 2-44　搜索商品

（7）进行“订单备注”操作。接待过程中客户会提出特殊的要求，如优惠、赠送礼品等，这些都需要备注。操作方法：

单击信息窗口的“订单”按钮，然后单击订单界面中“旗帜”图标，选择相应颜色的标记旗帜，最后填写备注内容，单击“确认”按钮，如图 2-45 所示。

（8）完成“核对订单地址”操作。单击订单界面的“房子”图标即可发送该订单地址，或使用快捷键<Ctrl+Q>，如图 2-46 所示。

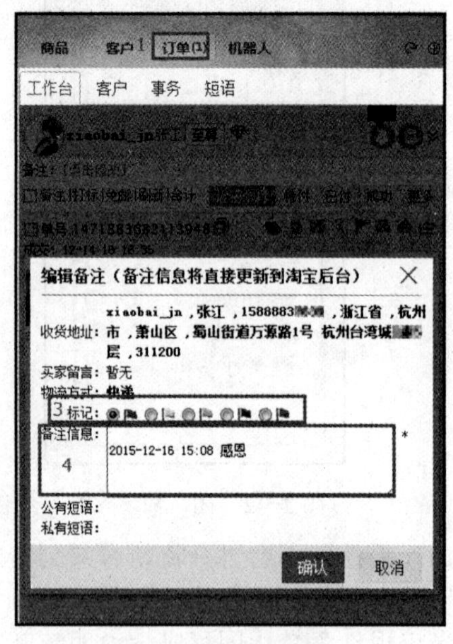

图 2-45　订单备注

图 2-46　核对订单地址

（9）查看聊天记录。聊天记录使用的场景非常多，为了不会前后不一，接待客户的时候客服会先看之前是如何处理的。作为客服新手，也会通过查看老客服的聊天记录来学习如何接待客户。操作方法：

聊天窗口会显示最近的聊天记录。查看更多的聊天记录，可以单击输入窗口中的“聊天记录”图标，如图 2-47 所示。

查看其他员工的聊天记录：①单击“聊天记录”图标。②单击聊天记录界面右下方的“查看在线消息记录”图标，如图 2-48 所示。③在唤出的在线聊天记录窗口查询相应员工的聊天记录。

图 2-47　查看聊天记录

图 2-48　查看在线消息记录

知识链接

一、网络客户服务的形式

传统的客户服务大多为面对面的一对一式服务，直接面对面的交流能更全面地了解客户需求，做好针对性的服务。传统企业一般都设有客户服务中心，有统一的客服电话、客户服务部地址和客户服务邮箱等，方便客户在需要的时候电话、寄信或发电子邮件进行咨询。电话、信件等工具为传统客服最常用的工具。网络环境下，买卖双方借助网络进行洽谈、交易、售后等。企业一般由专门的网络客服人员或电话客服人员，借助现代化工具开展服务活动。

网络客户服务的形式主要有在线即时通信（智能机器人和人工客服）、常见问题解答（FAQ）、网络社区、电子邮件、在线表单、网上客户服务中心等。

（1）即时通信。即时通信工具一般有网页版和软件版两种。网页版即时通信工具无须下载专门的软件，通过浏览器的对话窗口即可进行交流。软件版即时通信工具需要下载安装相关软件，然后注册、登录使用。即时通信工具主要有旺旺、咚咚、QQ 等，是常见的在线沟通工具。

（2）常见问题解答。常见问题解答（Frequently Asked Questions，FAQ）是一种在线帮助形式，被认为是一种常用的在线客户服务手段。

客户在利用一些网站的功能或者服务时往往会遇到一些看似很简单，但不经过说明可能很难弄清楚的问题。对企业来说，大部分的问题在很多情况下，只要经过简单的解释就可以解决，因此，在很多网站上都可以看到常见问题解答，列出了一些用户常见的问题。一个好的常见问题解答系统，应该至少可以回答用户 80%以上的常见问题。常见问题解答的设置不仅方便了客户，也大大减轻了网站工作人员的压力，节省了大量的客户服务成本，并且增加了客户满意度。

（3）网络社区。网络社区包括论坛、讨论组形式，企业设计网络社区就是让客户在购买产品后既可以发表对产品的评论，又可以针对产品提出一些意见与建议，从而提高产品的使用、维护水平。营造网络社区，不但可以让客户自由参与，同时也可以吸引更多的潜在客户参与。

（4）电子邮件。电子邮件是最便捷的沟通方式，通过客户登记注册，企业可以建立电子邮件列表，定期向客户发布企业最新消息，加强与客户的联系。客户也可以通过电子邮件向企业询问相关问题或提出意见与建议。

（5）在线表单。在线表单一般是网站事先设计好的调查表格，可以调查客户的需求，也可以征求客户的意见等。

（6）网上客户服务中心。客户服务中心（Customer Service Center，CSC），是指企业利用电话、手机、传真、Web 等多种信息接入方式，以人工、自动语音、Web 等多种形式为客户提供各类售前、售后服务的组织平台。企业的网上客户服务中心提供有服务热线、产品咨询、在线报修、软件下载等服务，可为客户提供系统、全面的在线服务。

目前最常用的网店客服工具为即时通信工具（网页版和软件版），不同的平台一般有专属的即时通信工具，常见的如阿里的旺旺（买家版）、千牛（卖家版）以及京东的咚咚等。

二、即时通信软件

1. 即时通信软件的含义

即时通信（Instant Messaging，IM）是一种终端服务，是指能够即时发送和接收互联网消息的业务。即时通信利用的是互联网线路，通过文字、语音、视频、文件的信息交流与互动，有效节省了沟通双方的时间与经济成本。即时通信系统不但成为人们的沟通工具，还成为了人们利用其进行电子商务、工作、学习等交流的平台。

即时通信不仅允许两人或多人使用网络即时地传递文字、图片信息，或进行语音与视频交流沟通，还可以将网站信息与聊天用户直接联系在一起，如通过网站向聊天用户群发信息，吸引聊天用户群对网站的关注。

即时通信不同于电子邮件之处在于它所需的时间更短，且交谈是即时的。透过即时通信功能，用户可以知道他的好友是否正在线上，并与之即时通信。

即时通信软件是通过即时通信技术来实现在线聊天、交流的软件。目前有两种架构形式：一种是 C/S 架构，即采用客户端/服务器形式，用户使用过程中需要下载安装客户端软件，典型的代表有：QQ、百度 Hi、新浪 UC 等。另外一种是采用 B/S 架构，即浏览器/服务端形式，这种形式的即时通信软件直接借助互联网为媒介，无须安装任何软件即可进行沟通对话。

2. 即时通信软件的分类

（1）个人即时通信软件。个人即时通信主要是以个人（自然人）用户使用为主，具有开放式的会员资料，非营利目的，方便聊天、交友、娱乐等特点，如 QQ、雅虎通、网易 POPO、新浪 UC、百度 Hi、盛大圈圈、移动飞信等。此类软件以网站为辅，以软件为主，以免费使用为辅，以增值收费为主。

（2）商务即时通信软件。商务即时通信主要是以中小企业、个人实现买卖和方便跨地域工作交流为主。商务即时通信的主要功能是实现了寻找客户资源或便于商务联系，以低成本实现商务交流或工作交流，如阿里旺旺、惠聪 TM、MSN、Skype、华夏易联 e-Link。

（3）企业即时通信软件。企业即时通信是一种面向企业终端使用者的网络沟通服务，使用者可以通过安装即时通信的终端机进行两人或多人之间的实时沟通。交流内容包括文字、界面、语音、视频及文件互发等。

（4）行业即时通信软件。行业即时通信主要局限于某些行业或领域，使用的即时通信软件往往不被大众所知，如螺丝通就是专门提供给螺钉行业人员的即时通信软件。行业即时通信软件一般需要购买或定制。使用单位一般不具备开发能力。

（5）网页即时通信。网页即时通信指在社区、论坛和普通网页中加入即时聊天功能，用户进入网站后可以通过聊天窗口跟同时访问网站的用户进行即时交流，从而提高了网站用户的活跃度、访问时间、用户黏度。把即时通信功能整合到网站上是未来的发展趋势，这是一个新兴的产业，已逐渐引起各方关注，如由广州新岸数码科技有限公司开发的 Xtalk

是目前国内较为专业的网页即时通信服务，它致力于提供标准化及定制化的即时通信解决方案，向社区网站、普通网站、客户端软件提供免费、稳定、灵活的聊天服务。

（6）免费即时通信软件。其主要有个人版和企业版两类。

1）个人版即时通信软件：百度 Hi、QQ、阿里旺旺、新浪 UC 等。

2）企业版即时通信软件：LiveUC 等。

（7）泛即时通信软件。一些软件带有即时通信软件的基本功能，但以其他功能为主，如视频会议。泛即时通信软件对专一的即时通信软件是一大竞争与挑战。

 小知识

即时通信营销

即时通信营销又叫 IM 营销，指营销工作者们运用现有的网络通信工具实现及时、实时的信息交流和收发，从而产生效益的一种销售手段。IM 营销手段又可以分为 QQ 营销、MSN 营销、百度 Hi 营销、雅虎通营销等。

小经验

走进阿里旺旺

阿里旺旺是阿里巴巴集团官方出品的一款即时聊天软件，是淘宝和阿里巴巴为商人量身定做的免费网上商务沟通软件、聊天工具，可以帮助用户轻松找到客户，发布、管理商业信息，及时把握商机，随时洽谈生意，简洁方便。

阿里巴巴客户端产品族有买家版阿里旺旺和卖家版千牛，分别有计算机版和手机版两个版本。阿里旺旺官方网址：https://wangwang.taobao.com。

阿里旺旺里的记录是买家和卖家交流的证据，一般在交易完成一段时间内要保存好，系统自动保存时间为 30 天。

阿里旺旺的功能主要有：

（1）沟通交流：旺旺可用于与客户进行沟通，发送表情、文件。

（2）操作订单：客服通过旺旺，可直接对客户的订单进行操作，例如备注、发送订单地址等。

（3）信息获取：旺旺可以结合插件，直接查询订单客户的信息、店铺产品信息等。

（4）提升工作效率：作为客服的沟通工具，旺旺具有定义进店回复、快捷短语、客户转接等功能，能有效地提高客服的工作效率。

任务评价

结合理论知识学习和任务实施的具体过程，将操作内容记录在表 2-13 中，并对完成效果进行评价。

要求：表 2-13 列出的 3 个知识点，第 2 个和第 3 个知识点是完成本任务需要掌握的，第 1 个知识点有一定的了解即可；3 个技能点是售前客服在工作前必须掌握的，为本次评价的重点。

表 2-13　客服常用工具必备知识与技能评价表

项　目	内　容	简要介绍	评价				
			很好	好	一般	差	很差
知识	即时通信软件的含义						
	即时通信软件的分类						
	阿里旺旺的功能						
技能	下载、安装即时通信软件						
	注册、登录即时通信软件						
	即时通信软件的使用						

任务四　熟知售前接待流程

情景导入

张婷在收集信息的时候，网页弹出一商品信息，张婷比较喜欢，于是用旺旺向客服进行了咨询，她想了解下这家网店的客服是如何工作的。交谈中，她发现客服微微特别专业，于是将自己的收获与王俊熙主管进行交流，王主管建议张婷先重点了解下售前客服的工作内容。

情景分析

要学习网店售前客服的工作内容，必须对网店的购物流程有一定的了解，张婷可以先了解网络购物的流程，然后从卖家的角度对售前客服的工作内容、流程进行学习、分析，以便掌握售前客服的接待流程。

任务实施

任务实施导航结构图：

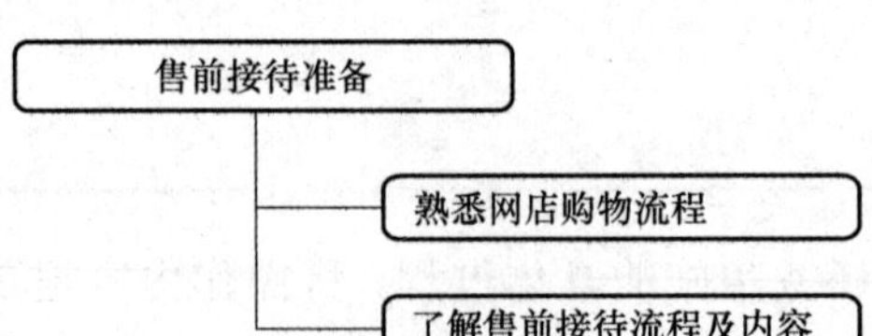

附录

综合练习

附录 A　网店客户服务概述综合练习

任务一　初识网店客服

一、判断题

1．网络共享性与开放性使得人人都可以在互联网上获取和存放信息。（　　）

2．客户就是企业需要服务的对象。（　　）

3．经济组织提供的服务为无偿服务，非经济组织提供的服务为有偿服务。（　　）

4．客服的最终目的就是要达到客户满意。（　　）

5．与网店相比，传统实体商店主要具有开店方便快捷、店铺形式多样、经营管理高效、交易迅速安全的优势。（　　）

二、不定项选择题

1．按客户所处的位置，可分为（　　）。

A．外部客户　　B．老客户

C．内部客户　　D．新客户

2．客户服务工作的主要内容包括（　　）。

A．咨询　　B．售前咨询

C．售中引导　　D．售后服务

3．（　　）是客户检验企业能力的关键，主要工作是为客户讲解公司的产品或服务，引导客户完成消费。

A．咨询　　B．售前咨询

C．售中引导　　D．售后服务

4．按网站性质不同，网店可分为（　　）。

A．自建网站型　　B．C2C 型

C．B2C 型　　D．借助第三方平台型

5．客户服务主要分为人工客服和电子客服，其中人工客服又可细分为（　　）。

A．文字客服　　B．视频客服

C．售中客服　　D．语音客服

三、填表题

根据表 A1 中列出的网店客服类型，分别写出各类型客服主要的工作内容。

表 A1　网店客服类型及主要工作内容

编　　号	网店客服类型	主要工作内容
1	售前客服	
2	售中客服	
3	售后客服	
4	电话客服	
5	网络客服	
6	销售客服	
7	投诉客服	
8	推广客服	
9	打包客服	

任务二　提升网店客服岗位的基本素质

一、判断题

1. 一名优秀的网店客服人员应该对其所从事的客户服务岗位充满热爱，忠诚于企业的事业，兢兢业业地做好每件事。（　　）

2. 客服要拥有博爱之心，真诚地对待每一个人，并且要勇于承担责任。（　　）

3. 忍耐与宽容是优秀网店客服人员的一种美德。（　　）

4. 客服要有良好的服务态度，不需要具有丰富的专业知识。（　　）

5. 客服需要做好本职工作，不需要善于协调与同事之间的关系。（　　）

二、不定项选择题

1. 一个合格的网店客服应该具备的基本素质有（　　）。

A. 心理素质　　B. 综合素质　　C. 品格素质　　D. 技能素质

2．下列属于心理素质的有（　　）。

A．热情主动的服务态度　　B．处变不惊的应变能力

C．挫折打击的承受能力　　D．情绪的自我控制及调节能力

3．网店客服应该具备的品格素质主要有（　　）。

A．丰富的专业知识　　B．良好的沟通能力及技巧

C．要有独立处理日常工作的能力　　D．敏锐的观察力和洞察力

4．网店客服应具备的综合素质主要体现在（　　）。

A．要有“客户至上”的服务观念　　B．要有独立处理日常工作的能力

C．要有分析解决各种问题的能力　　D．要有良好的人际关系的协调能力

5．网店客服的考核指标一般包含（　　）。

A．订单成交总额　　B．成交转化率

C．响应时间　　D．接待人数

三、填表题

根据表A2中列出的网店客服应具备的基本素质，分别写出各素质对应的具体要求。

表A2　网店客服应具备的基本素质及要求

编　号	基本素质	具体要求
1	心理素质	
2	品格素质	
3	技能素质	
4	综合素质	

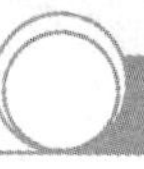

附录 B　售前准备及咨询接待综合练习

任务一　熟知第三方平台规则

一、判断题

1．规则一般指由群众共同制定、公认或由代表人统一制定并通过的，由群体里的所有成员一起遵守的条例和章程。（　　）

2．规则是指规定出来供大家共同遵守的制度或章程，是一成不变。（　　）

3．电子商务网站规则是指网站对用户（买方和卖方）增加基本义务或限制基本权利的一系列条款。（　　）

4．不同第三方平台的规则不尽相同，同一网站规则也不是一成不变的，会根据具体情况发生变换，用户要不断关注网站规则的变化情况，规避一些违规行为。（　　）

5．自建平台电子商务网站不需要遵循一定的电子商务交易规则。（　　）

二、不定项选择题

1．规则主要具有（　　）三大特点。

A．普遍性　　B．制约性　　C．变化性　　D．随意性

2．规则是规定出来供大家共同遵守的制度或章程，体现了规则（　　）的特点。

A．普遍性　　B．制约性　　C．变化性　　D．随意性

3．社会由各种规则维持着秩序，不管规则是人为设定的还是客观存在的，只要是规则，便具有（　　）。

A．普遍性　　B．制约性　　C．变化性　　D．随意性

4．许多规则随着社会的发展相继废立，也有许多规则随着生活的需要而不断完善，体现了规则的（　　）。

A．普遍性　　B．制约性　　C．变化性　　D．随意性

5．电子商务网站规则是指网站对用户（　　）的一系列条款。

A．提高服务　　B．增加基本义务

C．限制基本权利　　D．满足需求

三、实践题

利用网络进入淘宝网站，单击“规则”进入淘宝网规则页，浏览查看相关信息，完成表 B1 的填写。

表 B1　淘宝规则内容介绍

编　号	内　容	简单介绍
1	淘宝规则	
2	基础规则	
3	行业市场	
4	营销活动	
5	消费者保障	
6	临时公告	
7	解读说明	
8	规则动态	
9	协议专区	

任务二　储备营销活动、付款及物流知识

一、判断题

1．常规活动可以理解为非官方活动时间，天猫店铺自主进行的营销活动，如对客户进行一些优惠或赠送小礼品等。（　　）

2．大型活动与特大型活动主要为官方活动。（　　）

3．红包只能使用一张，并且通常会有价格限制，而优惠券完全可以作为现金使用。（　　）

4．包邮都是无条件包邮。（　　）

5．网银是指银行面向所有用户和场景提供的网上银行综合服务，包括支付和转账等服务。（　　）

二、不定项选择题

1．常规活动方式主要有（　　　）。

A．日常促销价　B．优惠券　C．套餐　D．降价

2．常见的大促活动主要有（　　）等。

A．满送　B．送红包　C．优惠券　D．活动促销价

3．常用的配送方式主要有（　　）。

A．包邮　B．平邮　C．快递　D．物流

4．淘宝付款方式主要有（　　）。

A．官方平台付款　B．货到付款　C．银行卡付款　D．他人付款

5．阿里巴巴官方的付款方式主要有（　　）。

A．支付宝　B．余额宝　C．余额　D．银行卡

三、填表题

根据所学网络购物付款知识，完成表 B2 的填写。

表 B2　网上购物付款流程

编　号	付 款 方 式	具体操作流程
1	官方平台付款	
2	货到付款	
3	银行卡付款	
4	他人付款	

任务三　运用客服常用工具

一、判断题

1．网络客户服务大多为面对面的一对一式的服务。（　　）

2．目前最常用的网店客服工具为即时通信工具。（　　）

3．即时通信（Instant Messaging，IM）是一种终端服务，是指能够即时发送和接收互联网消息的业务。（　　）

4．行业即时通信，主要局限于某些行业或领域使用的即时通信软件，往往不被大众所知。（　　）

5．免费即时通信指在社区、论坛和普通网页中加入即时聊天功能，用户进入网站后可以通过聊天窗口跟同时访问网站的用户进行即时交流。（　　）

二、不定项选择题

1. 网络客户服务的形式主要有（　　）。

A. 即时通信　　B. FAQ　　C. 网络社区　　D. 电子邮件

2. 企业的网上客户服务中心提供有（　　）等服务。

A. 服务热线　　B. 在线报修　　C. 产品咨询　　D. 软件下载

3. 即时通信利用的是互联网，通过（　　）的信息交流与互动，有效节省了沟通双方的时间与经济成本。

A. 文字　　B. 语音　　C. 视频　　D. 文件

4. 即时通信软件目前有（　　）两种架构形式。

A. A/S 架构，即客户端/服务器形式　　B. C/S 架构，即客户端/服务器形式

C. E/S 架构，即浏览器/服务端形式　　D. B/S 架构，即浏览器/服务端形式

5.（　　）都属于个人即时通信软件。

A. 移动飞信　　B. 阿里旺旺　　C. 微信　　D. QQ

三、实践题

对全班同学做一项关于即时通信工具使用情况的调查，撰写一份简单的调查报告。

要求：①调查内容应该包括最常用的即时通信工具、主要使用功能、技巧等；②调查报告应对调查收集到的信息进行汇总统计并分析；③应得出班级使用最多的即时通信工具和功能统计情况。

任务四　熟知售前接待流程

一、判断题

1. 只要你是真心诚意地服务客户，自然会接待好客户，做好服务。（　　）

2. 好的客服人员，一定要懂得变通，体现了主动的销售原则。（　　）

3. 客户服务过程中总会遇见客户提出这样或那样的问题，面对这种情况，客服应以退为进，尽可能打消客户的疑虑。（　　）

4. 接待客户要做到热心引导，不需要认真倾听。（　　）

5. 永远说“是的”，表示认同或理解，之后再用简短的补充来说服客户是促成交易中的利益总结法。（　　）

二、不定项选择题

1. 售前客服接待原则有（　　）。

A. 真诚原则　　B. 服务原则　　C. 销售原则　　D. 完整原则

2. 服务原则包括（　　）。

A. 真诚　　B. 热情　　C. 专业　　D. 完整

3．销售原则主要包括（　　）。

A．珍惜　　B．主动　　C．灵活　　D．信心

4．网店售前客服接待流程为进门问好、接待咨询、推荐产品、处理异议和（　　）。

A．支付　　B．促成交易　　C．交流　　D．谈判

5．常见促成交易的方法有（　　）。

A．利益总结法　　B．前提条件法　　C．询问法　　D．yes sir 法

三、填表题

根据所学内容，完成表 B3 内容的填写。

表 B3　售前客服接待流程及内容介绍

编　　号	售前客服接待流程	具体工作内容
1		对前来咨询的客户进行及时答复，给人留下好的第一印象
2	接待咨询	
3	推荐产品	
4		以退为进，尽可能帮助客户解决所有疑问，消除客户的疑虑
5	促成交易	

任务五　客户接待与沟通技巧

一、判断题

1．良好的第一印象是成功沟通的基础，客服可以介绍自己，加一些表情让客户感受到客服的热情。（　　）

2．颜色方面的问题比较客观，可以通过销量、基本色调搭配进行推荐。（　　）

3．如果店铺的商品尺码、规格是统一、标准的，推荐尺码时就可以把话说得很满、很肯定。（　　）

4．价格议价主要是客户觉得价钱高了或者是想讨价还价，此时客服可以从天猫价格不可以修改、包邮、优先帮其发货等方面去说服客户。（　　）

5．下单发货时，客服要注意的是要做好备注和跟踪。（　　）

二、不定项选择题

1. 客服人员在咨询接待过程中利用一定技巧可以（　　）。

A. 解决客户的疑问　　B. 让客户了解产品、企业信息

C. 得到客户的认可　　D. 顺利完成销售

2.（　　）等都属于产品信息的咨询。

A. 商品成分　　B. 面料特征　　C. 产品细节　　D. 营销活动

3. 售前阶段出现的客户异议主要有（　　）。

A. 服务异议　　B. 产品异议　　C. 价格异议　　D. 尺码异议

4. 确认订单主要是向买家核对（　　）和是否是预售款等。

A. 地址　　B. 款式　　C. 颜色　　D. 快递是否能到

5.（　　）是客服对自己前期努力的完美收官，是让新客户成为老客户的一种重要手段。

A. 进门问好　　B. 处理异议　　C. 确认订单　　D. 礼貌送客

三、填表题

根据所学客户接待与沟通技巧的相关知识，提炼各环节的关键点，完成表 B4 的填写。

表 B4　客户接待与沟通技巧总结

编　号	项　目	关　键　点
1	进门问好	
2	接待咨询	
3	推荐产品	
4	处理异议	
5	促成交易	
6	确认订单	
7	礼貌告别	

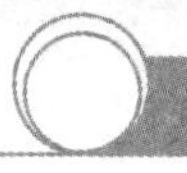

附录 C　售中有效订单的处理综合练习

任务一　确 认 订 单

一、判断题

1. 网店售中服务是对有效订单的处理，是指客户在网上拍下宝贝到确认收货的过程。（　　）

2. 体贴、周到的售中和售后服务是客户对店铺信任感的真正开始。（　　）

3. 核对订单信息处理得好会给客户增加满意度，反之则可能出现一系列的问题。（　　）

4. 添加备注可以在咨询接待的任何时候，最好是和客户达成一致后立刻备注。（　　）

5. 好的结束语可以给客户留下良好的印象，让客户得到满足感，幸福指数上升，在收到货后一定会给我们良好的评价。（　　）

二、不定项选择题

1. 网店售中服务主要包括（　　）、下单发货、物流配送和客户确认收货等。

A．引导客户付款　　B．核对订单信息

C．添加备注　　D．礼貌告别

2. 买家提交订单后，卖方后台的交易状态有（　　）和评价。

A．未付款/已付款　　B．待发货/已发货

C．确认收货/退换货　　D．交易完成

3. 核对订单信息，客服人员要做到（　　）。

A．核对客户收货地址、姓名、电话是否有误

B．核对下单尺码、颜色是否有误

C．核对发货时间、发货快递是否被客户接受

D．询问客户希望的收货时间

4. 客服在与客户沟通的过程中或者在核对订单时客户有什么特殊的要求，一定要做好（　　）。

A．文字记录　　B．保存聊天记录　　C．备注　　D．跟踪

5. 核对完订单之后就是（　　）。

A．进门问好　　B．处理异议　　C．确认订单　　D．礼貌告别

三、实践题

假如你是某书店的网络客服，接待了一位母亲，她刚通过咨询为自己的孩子购买了一套《十万个为什么》，请设计三句不同的礼貌告别语并读给同学听，最终确定一句最佳的礼

貌告别语。

任务二　下 单 发 货

一、判断题

1．订单进行确认有效后，就是下单发货了。（　　）

2．填写、打印快递单通常会借助第三方工具来完成发货。（　　）

3．有形商品的发货可选择“无需物流”。（　　）

4．快递查询可以有很多种方式，如进入官方网站查询或利用快捷快递查询网站进行查询。（　　）

5．所有快递都遵循同一个原则：寄件方找寄件快递公司进行查询，不论快递现在到达哪里，只要有问题都可以联系寄件公司进行处理。（　　）

二、不定项选择题

1．快递单信息的输入可通过（　　）完成。

A．人工填写　　B．查询　　C．计算机打印　　D．读写

2．借助第三方工具，系统将自动分配订单到仓储配送部门，由仓库的工作人员进行（　　）和发货处理。

A．审单　　B．打印　　C．备货　　D．包装

3．ERP 软件、E 电宝等第三方工具软件可以（　　），与之合作可以大大提高发货速度。

A．管理发货　　B．有效管理库存　　C．自动发货　　D．快速发货

4．发货提示主要有（　　）三步。

A．单击确认　　B．确认收货信息及交易详情

C．确认发货/退货信息　　D．选择物流服务

5．选择物流服务，有（　　）等方式。

A．无需物流　　B．在线下单　　C．自己联系物流　　D．虚拟发货

三、实践题

利于网络搜集快递单号查询网站，记录三个网站名称和网址，填写在表 C1 中。

表 C1　快递单号查询网站汇总

编　号	快递单号查询网站名称	网　址
1		
2		
3		

附录D　售后交易纠纷的处理综合练习

任务一　处理退换货

一、判断题

1．目前网上商家大都不提供包退或包换服务。（　　）

2．退换货的过程是卖家与买家协商交流的过程，是否能够得到好的解决在很大程度上取决于双方交流的态度。（　　）

3．由于物流原因造成的退换货，卖家可以让客户自己找快递公司索赔。（　　）

4．不同的平台、网站和网店有不同的退换货规则，客服要熟知相关规则。（　　）

5．售后客服处理退换货时应善于总结、汲取教训，采取相应措施，有效减少退换货问题的发生。（　　）

二、不定项选择题

1．买家退换货常见的情况主要有（　　）。

A．未确认收货前的退换货

B．买家已经确认收货并进行评价后的退换货

C．由于物流原因造成的退换货

D．交易结束后的退换货

2．产生退换货的原因主要有（　　）。

A．客户原因　　B．卖家原因

C．物流原因　　D．平台原因

3．卖家发货时发错商品，退换货产生的费用应该由（　　）承担。

A．物流公司　　B．客户　　C．卖家　　D．第三方平台

4．客户下单时点错了尺码，退换货产生的费用应该由（　　）承担。

A．物流公司　　B．客户

C．卖家　　D．第三方平台

5．客户收到货物时发现包装严重损坏，商品上有严重的污渍，退换货产生的费用应该由（　　）承担。

A．物流公司　　B．客户　　C．卖家　　D．第三方平台

三、实践题

请利用所学知识，完成表D1中不同情况下退换货话术设计。

表D1 退换货话术设计

编号	买家退换货情境	客服话术
1	你好！我要退货	
2	衣服上面竟然有严重的污渍，我要退货	
3	太没诚信了，说好的赠品也不赠送，我要退货	
4	衣服小了，我想换大一码，该怎么操作？	
5	快递公司竟然说我们小区不能送，要我自己去拿，我申请退货	

任务二 处 理 退 款

一、判断题

1．极速退款的目的是让所有会员享受到尊贵的退款服务，快速拿到钱款，减少退款的等待时长。（ ）

2．客户提出退款要求，客服只需根据情形办理即可，无需掌握沟通技巧。（ ）

3．一般情况下，经历过退款专员这一岗位的客服被提拔的机会更大。（ ）

4．客服在处理退款时首先要了解客户退款的真实原因。（ ）

5．退款处理一般建议选择电话沟通的方式。（ ）

二、不定项选择题

1．淘宝网站退款/退货服务类型有（ ）。

A．退货不退款 B．仅退款 C．退货退款 D．仅退货

2．常见的退款方式有（ ）。

A．直接退款 B．快递返回后退款

C．补偿性退款 D．退货后退款

3．退款处理一般分为（ ）三种情况。

A．交易取消 B．未收到货

C．已收到货，无需退货 D．已收到货，退货

4．（ ）交流方式更能让客户产生的“好感”。

A．网络 B．即时聊天工具

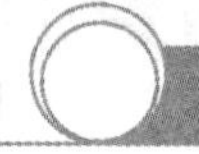

C．电话　　　　D．书信

5．客服在处理退款时首先要（　　）。

A．真诚地道歉　　　　B．热情地问好

C．真诚地致谢　　　　D．了解客户退款的真实原因

三、实践题

利用网络搜集不同订单状态下客户申请退款的操作方式，完成表 D2 的填写。

表 D2　不同订单状态下退款操作方式

编　　号	订 单 状 态	退款操作方式
1	等待买家付款	
2	买家已经付款	
3	卖家已经发货	
4	交易成功	
5	交易关闭	

任务三　应对投诉纠纷

一、判断题

1．投诉是客户向商品和服务提供商表达心中不满，并提出打折、退货、换货、索赔、道歉等权益主张的行为。（　　）

2．客服要换位思考，站在客户的角度思考问题更容易、更利于投诉的处理。（　　）

3．处理投诉，客服首先要处理的是客户的心情，认真地倾听会让客户的心情平静下来，也会让你了解客户的真正意图。（　　）

4．接到客户纠纷投诉时，如果是客户的责任，可以直接告知，无需耐心解释。（　　）

5．处理纠纷，严格按规则处理即可，无需投入情感交流。（　　）

二、不定项选择题

1．遇到交易纠纷，解决方法主要有（　　）。

A．买卖双方自行协商解决　　　　B．要求平台客服介入处理

C．通过司法途径等其他方式解决　　　　D．卖家逃避不予解决

2．客户投诉的主要原因一般有（　　）、服务不到位和买家误会等。

A．产品或服务本身的原因　　B．消费承诺未完成

C．配送有误　　D．错误投诉

3．理解是化解矛盾的良药，客服一定要学会（　　），站在客户的角度看待问题。

A．换位思考　　B．认真倾听　　C．信守承诺　　D．跟踪结果

4．信守承诺的好处主要有（　　）。

A．可以让客服感觉到自信

B．可以表示卖家解决问题的诚意

C．可以及时防止客户的负面宣传造成更大的伤害

D．可以让客户感觉到被尊重

5．服务投诉是指在交易过程中客户针对卖家的（　　）等不满意而产生的投诉。

A．服务方式　　B．服务态度　　C．服务质量　　D．服务技巧

三、实践题

利用网络收集至少一个网店应对纠纷的案例，分析并记录该网店工作人员运用了哪些技巧。

任务四　管 理 评 价

一、判断题

1．评价通常是指对一件事或人物进行判断、分析后的结论。（　　）

2．卖家评价是指卖家在订单交易完成，买家对交易做出评价后，对交易进行的相关评价。（　　）

3．卖家信用等级的高低客观地反映了卖家的诚信度与商品的保障性。（　　）

4．信用等级越高，越容易获取新买家的信任。（　　）

5．店铺只需要对大多数的评价进行分析，少数中差评是不会对店铺造成影响的。（　　）

二、不定项选择题

1．在电子商务交易活动中，（　　）是网络购物的最后一个环节，有助于提高买卖双方的信誉。

A．咨询接待　　B．处理异议　　C．签收　　D．评价

2．评价的内容可以是多方面的，如（　　）等。

A．商品是否与卖家描述的相符　　B．卖家的发货速度

C．卖家的服务态度　　D．卖家信誉

3．目前，评价可以将商品的价值用（　　）等表述出来。

A．数字　　B．文字　　C．符号　　D．图片

4．(　　) 是一种数据造假的行为，由于评价不是来自于真正的消费者，因此会失去它的客观性。

A．评价　　B．咨询　　C．反馈　　D．刷单

5．网店中的商品评价是（　　）的载体，以用户评价为载体引导消费是电子商务网站的命脉。

A．网络营销　　B．市场营销　　C．口碑营销　　D．绿色营销

三、实践题

请利用所学知识，完成表 D3 中不同情况下评价话术设计。

表 D3　评价话术设计

编　号	客户评价	客服话术
1	宝贝很好，非常喜欢	
2	客服小微服务非常好，推荐的尺码也很准哦，非常开心的一次购物	
3	衣服质量一般，颜色没图片上的好看	
4	太差了，还没我夜市上买的好，不值这个价	
5	买回来就丢在一边，建议大家都别买	

附录E　客户关系管理综合练习

任务一　认识客户关系管理

一、判断题

1．客户是企业的利润之源，是企业发展的动力。（　　）

2．客户关系是指企业为达到其经营目标，主动与客户建立起的某种联系。（　　）

3．最早发展客户关系管理的国家是中国。（　　）

4．CRM既是一种新型的管理理念，又是一种新型的管理机制，还是一整套的企业管理软件和技术。（　　）

5．将电子商务和客户关系管理一体化，构造新型的客户关系管理模式是企业“赢家通吃”的网络经济环境下成为赢家的基础。（　　）

二、不定项选择题

1．营销大师科特勒把企业与客户之间的关系归结为基本型和（　　）。

A．被动型　　B．能动型

C．伙伴型　　D．负责型

2．CRM主要有（　　）三层含义。

A．CRM是一种基于互联网的应用系统

B．CRM是一项企业经营战略

C．CRM是一项活动

D．CRM是一项营商策略

3．客户关系管理的目标有（　　）。

A．认识新客户

B．更好地认识和发现实际的或潜在的客户

C．挖掘、获得、发展和避免流失有价值的现有客户

D．避免或及时处理“恶意”客户

4．实施客户关系管理对企业的作用主要体现在（　　）。

A．提高客户忠诚度　　B．建立商业壁垒

C．创造双赢的效果　　D．降低营销成本

5．电子化客户关系管理具有（　　）的特点。

A．整合性　　B．一对一

C．实时性　　D．数据库

三、实践题

利用网络搜集一个有关“电子商务环境下客户关系管理”的案例，并着重从客户关系管理为企业带来了哪些好处方面进行分析总结。

任务二　运用客户关系管理的方法

一、判断题

1．一个企业想健康平稳地发展必须做好一件事，就是不断挖掘新客户资源并将其发展成合作客户。（　　）

2．一般情况下，网络新客户的第一次成交难度是最高的，因为会存在着怀疑、不信任、怕承担风险等。（　　）

3．对待没有成交的客户，客服应该想办法建立潜在客户的数据库。（　　）

4．品牌层次与其客户参与的程度存在着一种反比的关系。（　　）

5．群发的信息要很官方，否则会让客户产生反感，导致删除或屏蔽你发过去的信息。（　　）

二、不定项选择题

1．对网店来说，获取新客户可以通过（　　）等渠道。

A．老客户介绍　　B．广告宣传

C．销售人员开发　　D．客服人员的开发

2．维护老客户的意义主要有（　　）。

A．使企业的竞争优势长久　　B．使成本大幅度降低

C．有利于发展新客户　　D．会获取更多的客户份额

3．克服成交的心理障碍，保持积极的成交态度，客服应该做到（　　）。

A．正确地对待失败　　B．要有自信心

C．要有积极主动的心态　　D．保持职业自卑感

4．一个完整的销售过程往往要经历（　　）、与客户接触、处理异议和下单成交等不同的阶段。

A．电话咨询　　B．现场促销

C．广告宣传　　D．寻找客户

5．从服务利润链分析可知，要保持客户忠诚必须从（　　）着手。

A．新客户　　B．领导

C．员工　　D．老客户

三、实践题

根据所学知识，完成“网店开发新客户和维护老客户的途径及方法”的方案设计，将设计内容填写在表 E1 中。

表 E1　网店开发新客户和维护老客户的途径及方法

序　　号	方　　式	具体的途径和方法
1	开发新客户	1.
		2.
		3.
2	维护老客户	1.
		2.
		3.

一、熟悉网店购物流程

1．收集网店购物流程信息。利用网络或书籍收集并查看网店购物流程的相关信息。

2．完成网店购物流程表的填写。利用搜集到的信息，完成表 2-14 的填写。

小提示

（1）本环节选定天猫平台，要求掌握天猫网店交易流程。由于网店性质不同，不同类型网店交易流程在购物准备、支付方式等方面略有不同，但基本流程是一样的，完成本环节便可对网络购物流程有一定的了解。

（2）假设买家已经完成淘宝账号的注册，银行卡也已经开通网上支付功能。

（3）表 2-14 不一定要填满，读者仅需要按自己的理解，将一个完整的网店交易流程展现出来即可。

表 2-14　网店购物流程

编号	交易流程	买家操作	卖家操作
1			
2			
3			
4			
5			
6			
7			
8			
9			
10			

二、了解售前接待流程及内容

1．初识售前接待的内容。思考表 2-14 卖家操作中，哪些是由售前客服完成的工作。

2．熟悉售前接待流程、内容及注意事项。将售前客服需要完成的工作内容进行概括填写在表 2-15 中，并对具体工作内容和接待注意事项做一简单介绍。

表 2-15　售前客服接待流程、内容及注意事项

编号	接待流程	具体工作内容	接待注意事项
1			
2			
3			
4			
5			

知识链接

一、售前客服接待原则

售前客服接待原则有服务原则和销售原则两方面，如图 2-49 所示。

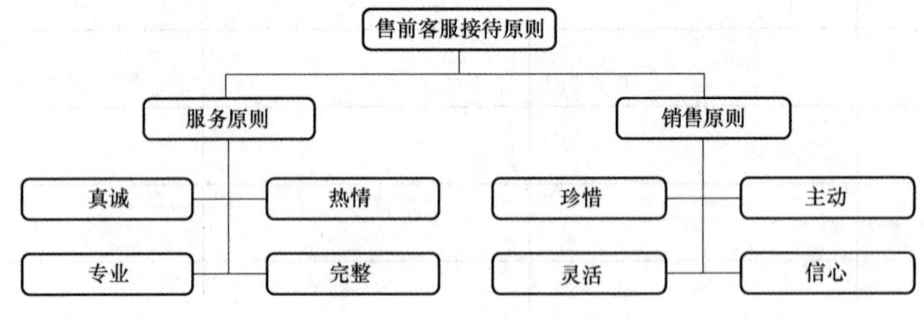

图 2-49　售前客服接待原则

1. 服务原则

任何时候，服务好客户都是客服的第一要务，售前客服服务原则主要包括：

（1）真诚。只要你是真心诚意去服务客户，那么自然会接待好。

（2）热情。在接待客户的时候你要让客户感觉到你的热情，因为是通过文字沟通，所以热情体现在你的回复速度、你的语气词和你使用的旺旺表情上。

（3）专业。每个人都需要安全感，客户希望听到的是正确答案，客户希望服务自己的客服非常专业，所以你必须专业。

（4）完整。服务要有头有尾，客户购买前咨询问题，我们要一一解答，购买后我们也要礼貌告别，并且核对地址。出现售后问题，我们要很好地交接给售后客服。每一位客服的服务都需要完整。

2. 销售原则

强大的销售能力是售前客服价值最直观的体现，其原则主要包括以下四点：

（1）珍惜。路遥知马力，只有珍惜与每一位客户沟通机会的客服，才会把业绩做好。

（2）主动。销售在很多时候需要你主动出击，销售不是机械的一问一答，你要想办法引导客户问你想回答的问题。

（3）灵活。销售工作一定要懂得变通，因为客户的要求是千奇百怪的，所以灵活是你必备的技能。

（4）信心。要相信能促成每一位进店咨询的客户进行交易。

二、网店售前客服的接待流程及内容

网店售前客服接待流程如图 2-50 所示。

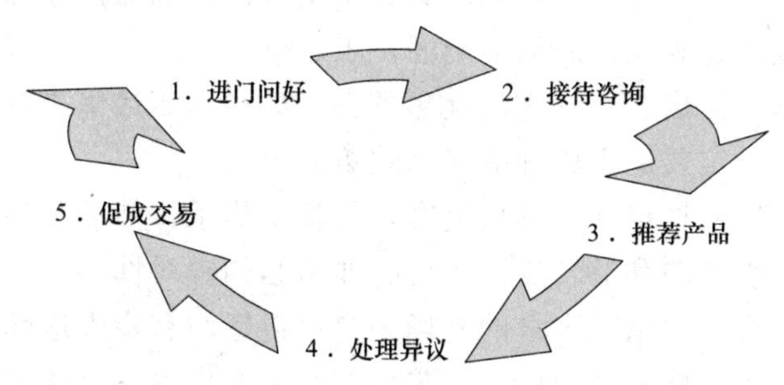

图 2-50　网店客服接待流程

1. 进门问好

客服问好要做到及时答复，礼貌热情。利用交流工具进来询问的，都是对这个产品有兴趣的潜在客户，售前客服一定要善于捕捉这个机会，给客户留下好的第一印象。

2. 接待咨询

接待客户要做到热心引导，认真倾听。接待咨询中，客服人员一定要认真地倾听客户所说的每一句话，倾听有利于客服摸清客户的心理，了解客户的真实需求。如果客户在犹豫不定要购买哪件商品时，可以引导并帮助客户去选择更适合他的产品。认真倾听还可以让客户感到客服的诚心。

3. 推荐产品

推荐产品要精准推荐，体现客服人员的专业。一般情况下，客户是需要你推荐商品给他的，因为之前了解了客户的需求，推荐的时候一定要推荐更适合他的商品。精确地推荐商品不仅利于促成交易，还可减少售后问题，提高客户的回头率。

4. 处理异议

客户服务过程中总会遇见客户对推销产品、交易方式、交易条件等提出这样或那样的问题，面对这种情况，客服应以退为进，尽可能打消客户的疑虑。例如，客户看中了商品后通常会砍价或者提出包邮、有无赠品等，此时，客服可以强调产品质量、售后保障等，再用一些比较调皮的语言或多运用一些旺旺表情、图片等跟对方交谈。

5. 促成交易

下单购买是销售的最后一个步骤，客服在解答了客户的疑问，打消他们在购物中产生的疑虑后，应该尽快促成交易。常用的促成交易方法有利益总结法、前提条件法、询问法和 yes sir 法，如图 2-51 所示。

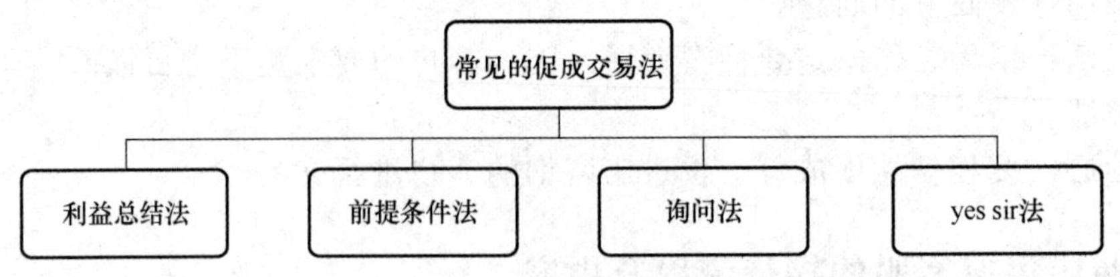

图 2-51 常见的促成交易法

（1）利益总结法。客服总结并陈述所有将带给客户的利益，注意条理要清楚，要对准客户有针对性问题阐述利益，总结要全面，表达要准确。

（2）前提条件法。提出一个特别的优惠条件，如赠送店铺优惠券、赠送一份小礼品等。但要注意的是，一定要配合店铺的促销政策。

（3）询问法。客服通过提问逐渐接近客户的真实需求，然后强调利益来获得问题的解决。要注意由需求引导向利益转变一定要有非常强的针对性。

（4）yes sir 法。客服要站在客户的立场为自己说话，有步骤地解决问题。只有把客户的所有疑虑都排除了，建立了信任，客户才有可能在店里下单购买。永远说：是的，表示认同或理解，之后再用简短的补充来说服客户。

任务评价

结合理论知识学习和任务实施的具体过程，将操作内容记录在表 2-16 中，并对完成效果进行评价。

要求：表 2-16 列出的 3 个知识点，都是完成本任务必须要掌握的；2 个技能的培养是为理论知识的学习做铺垫的，有利于客服能力的提升。

表 2-16 售前接待流程必备知识与技能评价表

项目	内　　容	简要介绍	评　　价				
			很好	好	一般	差	很差
知识	网店购物流程						
	售前接待原则						
	售前接待流程及内容						
技能	查询网店购物的流程						
	收集售前接待流程及内容的信息						

任务五　客户接待与沟通技巧

情景导入

经过之前的学习，张婷觉得可以胜任售前客服的工作了，于是找到客服主管申请实战。客服主管笑着说："真的准备好了？那我考考你。假如客户来咨询，说道'太贵了，我还是到别家去看看吧'，你该怎么做？"张婷思考了半天也不知道该如何回答。主管建议她再认真学习下接待客户的沟通技巧。

情景分析

售前客服在接待过程中，沟通技巧运用得巧妙不仅可以快速促成交易，还可以增强客户的忠诚度。要想成为一名金牌客服，接待客户的沟通技巧是必须要掌握的，并需要在实践中不断积累提升。张婷有良好的态度，再提升下知识与技能，一定会早日成为一名优秀的客服的。

任务实施

任务实施导航结构图：

- 客服售前话术实战
  - 进行售前接待话术训练
  - 完成售前话术技巧提升

一、进行售前接待话术训练

1．完成"售前接待话术训练"表的填写。售前客服在客户咨询过程中要回答客户的各种提问，请模拟售前咨询接待，完成表 2-17 的填写。

提示：读者可假设不同的情景，进行不同客服话术的回答，如打招呼用语，可以写一个"在的"和一个"不在"自动回复的回答用语。

表 2-17　售前接待话术训练

编　　号	内　　容	客 户 咨 询	客服话术 1	客服话术 2
1	打招呼用语	在吗？		
2	对话语	请问您家这个是正品吗？		
3	议价语	活动期间可以便宜点吗？		
		为什么别家的比你们的便宜？		
		多买有优惠吗？		
4	支付用语	我可以用银行卡付款吗？		
5	物流用语	请问什么时候发货？		
		能发顺丰吗？		
6	欢送用语	算了，等做活动再来买好了。		
		希望早点收到宝贝哦，拜拜！		

2．完善“售前接待话术训练”表中的客服话术。两人一组，分别读出“售前接待话术训练”表中客户咨询话语和客服话术，对客服话术进行完善。

二、完成售前话术技巧提升

提示：比较表 2-17 中客服话术 1 和 2，在认为较优的话术上打钩；3～5 人一组，分别读出表 2-17 中“打招呼用语”和“欢送用语”中个人认为较优的话术，共同讨论并选出两个最优话术，填写在下面横线上。

1．记录最优打招呼用语。

（1）____________________

____

____

（2）____________________

____

____

2．记录最优欢送用语。

（1）____________________

____

____

（2）____________________

____

____

知识链接

一、进门问好技巧

良好的第一印象是成功沟通的基础，客服可以介绍自己，加一些表情让客户感受到客服的热情。如客户早上来时可以说“早上好”，节日可以加上“××节日快乐”。老客户来时，可以特别一点接待，体现出老客户和别人不一样的地方。客服接待话术举例见表 2-18。

表 2-18　客服接待话术举例

客户咨询	客服话术
A　你好，在么？（新客户） B　Hi，有人么？（老客户）	亲，欢迎光临××旗舰店，我是您的专属客服，很高兴为您服务
	哈，欢迎亲再次光临呢，我是××，亲有什么问题尽管吩咐
	早上/中午/晚上好！我是 MWAMI 客服××，很高兴能为您解疑答惑
	××节快乐，我是客服××，非常高兴能为您服务

二、接待咨询技巧

客服人员解决客户提出的各类疑问是交易的基础，对客户提出的问题要有相应的应对方法。客服人员在咨询接待过程中，利用一定技巧不仅能解决客户的疑问，还可以让客户了解产品、企业信息，并得到客户的认可，顺利完成销售。客服接待咨询技巧主要包括以下几个方面：

1.“库存咨询”应对技巧

库存问题一般以页面上的信息为准。如果出现断码的情况，可以查下库存是否有剩余，如果有，就可以告知客户还有几件预留，可以拍下其他尺码的，在备注栏中填写需要的尺码，客服再在发货系统里面进行修改即可。 针对不同情况的回答话术举例见表 2-19。

表 2-19　关于“库存咨询”的客服话术举例

情　况	客服话术
有库存	亲，我们这款卖的一直非常好，所以都是保持库存充足的。您可以放心购买的
库存不多	亲，我们这款只有××件了，亲如果喜欢可以尽快拍下哦
预售	亲，我们这款的销量非常好，现在在补货期间哦，大概×天后可以安排发货哦，您可以现在先拍下，我们到货了第一时间给您安排发货
	（客户说“那我等出货的时候再拍”）亲，我们预售也是一批一批出货的，是按下单时间发货的哦，所以建议亲还是现在拍下，到时候就可以快点收货啦
无库存	亲，非常抱歉，您看的这款已经卖完了呢，暂时还没有接到补货通知，我给您推荐一个类似的款式给您看看（跟上××链接）

2. “活动咨询”应对技巧

店内活动一定要主动和客户说明，同时还可以利用活动的优惠和时效性让客户尽快拍下商品。关于“活动咨询”的客服话术举例见表 2-20。

表 2-20 关于“活动咨询”的客服话术举例

情况	客服话术
有活动	亲，您今天来得真是时候，我们××活动刚开始进行哦，您可以看看
没活动	亲，最近我们没有新的活动哦，不过有几个宝贝很有市场的，我们卖得很快呢，我发给您看看哦

3. “尺码咨询”应对技巧

虽然网店商品详情页面一般会有商品尺码的相关介绍，但客服在工作中也会经常遇见尺码问题的咨询，客户咨询主要是想了解商品详情介绍中的尺码是否标准，希望得到客服的推荐。关于“尺码咨询”的客服话术举例见表 2-21。

表 2-21 关于“尺码咨询”的客服话术举例

情况	客服话术
介绍大小	亲，我们的一般尺码是从 M 到 XXL 的，M 是小码的，L 是中码的，XL 是大码的，XXL 是加大的哦。每个款式还都有具体的尺码表哦，亲您看中哪款发给我，我把尺码表发给您看看
尺码测量	亲，这个尺码表都是我们专业质检人员将宝贝平铺测量的哦，数据上有可能会有 1～2cm 的误差哦，这个不会影响到穿衣效果的，您放心参考（可以把衣服在页面上的平铺测量图截图给买家，让买家实际了解是怎么测量的）

4. “产品咨询”应对技巧

关于商品成分、面料特征、产品细节等产品信息的咨询，客服一定要根据页面上所描述的内容如实告诉客户，切记不能为了销售而告诉客户虚假的信息。如某款衣服有一定程度上的缩水，可将实际的情况告知客户，建议客户拍大一码的。专业的回答不仅可以体现客服的专业度，还可以让客户更加信认你。关于“产品咨询”的客服话术举例见表 2-22。

表 2-22 关于“产品咨询”的客服话术举例

情况	客服话术
材质	亲，这个是××材质的，有××特性，穿在身上有××感觉（体现你专业的机会怎么能放过）
缩水	亲，衣服都有一定范围的缩率呢，但是您拍这个尺码的洗过之后不会影响到您的穿着哦！放心好啦
起球	亲，您放心，我们的这个宝贝是××材质的哦，不会起球的
	亲，这款宝贝是××材质的，如果不注意打理的话，穿的时间久点会稍微有点起球的哦，不过如果亲打理得好的话，就可以有效地避免起球了
实物拍摄	亲，这个是我们的原创品牌呢，宝贝都是我们自己设计生产的，所以宝贝的图片都是实物拍摄的，这个跟网上的盗图是不同的！您就放 100 个心吧
色差	亲，我们都是实物拍摄的呢，基本是没有色差的。不过因为显示器和拍摄灯光、角度等因素，多多少少还是有点影响！但是您放心，展现出来的图片都是尽可能接近实物的
洗涤	亲，这个宝贝比较有弹性，您最好是手洗，不要机洗哦，衣服跟我们人一样，都是需要保养的嘛！你懂得！嘿嘿（视情况而定）

5. “快递邮费、发货咨询”应对技巧

通常所说的邮费一般是指包裹的首重，首重是指 1kg（EMS 的首重为 0.5kg），续重的费用是另外核算的。关于“快递邮费、发货咨询”的客服话术举例见表 2-23。

表 2-23　关于“快递邮费、发货咨询”的客服话术举例

客户咨询	客服话术
你们家默认发的是什么快递？	亲，我们现在默认发的是××快递，您那边可以收到吗？
你帮我发××快递吧	（有他说的快递）亲，那我就给您安排发这个快递哦，您到时候注意查收
	（没有他说的快递）亲，我们在郊区，这个快递现在不来我们这边收件呢，要不我给您发 EMS 吧，这个快递哪里都能到，就是稍微会慢点呢！您看可以吗？
到我这邮费要多少？	亲，您是哪里的哦？发到您那边的话顺丰是 22 元哦，普通快递的话一般是 12 元
今天能发货不？	亲，我们会在 72 小时安排发货的哦，不过正常隔天就可以发出了，还是非常快的
现在拍了还可以发货吗？	亲，你现在拍下付款，我们一般今天会安排发出的哦，发货后也会有短信提示的，如果亲您明天这个时候还没有收到短信，到时候来联系我，我给您处理哦
已经付款了，什么时候发货？	亲，现在太晚了，快递都走了，要明天安排发货的哦！发货后一般 1～2 天您就能收到了，很快的
要几天能收到呢？	亲，顺丰快递发货后 1～2 天您就可以收到了。今天给您发货了，明后天您注意查收哦
我×号能收到吗？	今天给您发货，您大概 2 天后就可以收到了，发货后我们也会有短信发给您的哦，亲可以跟踪物流的哦
我后天要出差，可以帮我加急发吗？可以多加钱	亲，我刚看了您的地址，亲现在拍下，我们帮您安排今天发，明天应该就可以到了的，亲是不用您加钱的呢，我们能帮上您的肯定是义不容辞的
我现在拍能不能帮我安排半个月后发？	亲，您这半个月是要去哪呢？我们可以安排快递发到您去的那个地址
我的货发了吗？我买的衣服怎么没有发货啊？	亲，您稍等，我马上就给您查下订单哦……亲，您是××付款的，我们会在今天给您安排发出的哦，发货后会有短信提示的哦，亲注意查收
	亲，您稍等，我马上就给您查下订单哦……亲，刚我看到您的订单的宝贝是预售的，不知道您拍下的时候注意到了吗？大概要在××时间发货的

小经验

顺丰首重江浙沪地区为 12 元，其他地区为 22 元。普通快递首重如申通、圆通等，江浙沪地区为 6 元，其他地区为 12 元。EMS 首重本市为 12 元，其他地区为 20 元。

顺丰一般江浙沪发货后隔天可以到货，其他地区是 1～2 天内能到，偏远地区大概要 3 天左右。其他快递，江浙沪一般是 1～2 天到，其他地区是 3～4 天可以到货，偏远地区视情况而定，一般是 5～7 天。顺丰有一个当天件业务，早上 10:00 发出，下午 18:00 大概可以送到，不过有地区限定，邮费也特别贵，这个可以看情况使用。如果客户一定要按时间送到，而我们没有办法 100%保证的，就要将实际情况告诉客户，避免过度承诺，耽误客户的使用安排以及给店铺带来被投诉的风险。

小提示

客户的订单没有发货，一般有三种情况：第一是客户在店铺上次发货后拍下的订单，如第一天晚上或是当天上午拍的订单，而店铺发货是在每天下午进行；第二是漏单或者是操作上出现问题产生的；第三种是预售的。如果是预售，在跟客户沟通时需要注意技巧，先要了解客户是否知道拍下的商品是预售的，要是客户表示不知道，我们要第一时间道歉，因为当时负责接待的客服没有告知客户，然后再告诉客户具体出货时间，询问客户是否可以等到出货时间，客户要是比较着急，可以推荐更换其他款式的商品或申请退款。

6. “其他咨询”应对技巧

售前客服“其他咨询”应答话术见表 2-24。

表 2-24 售前客服“其他咨询”应答话术

客户咨询	客服话术
是 7 天无理由退货吗？	亲，您放心哦，我们是天猫商城，都是支持七天无理由退换的，亲放心购买
我拍错尺码了怎么办？	（包裹还在仓库）亲，您别着急哦，稍等下，我先帮您看下您的订单……亲您要改什么尺码的哦，我这边可以帮您进行修改的
	（快递取走包裹）亲，您先别着急，稍等下，我先帮您看下您的订单……亲，我刚查过您的订单，我们仓库已经安排发货了，快递将包裹取走了，要不您看这样成不？您收到宝贝要是试过尺码不合适，到时候联系我们客服给您安排更换，您看可以吗？
我拍错尺码了，帮我退款下，我再重新拍	亲，您稍等，我给您查看下订单哦……（将退款订单发给退款专员处理退款）亲，您的订单已经给您退款了，您查看下，如果没有什么问题，可以重新下单哦，然后我再给您核对下信息
能开发票吗？	亲，发票可以开的哦，不知道您开个人的还是公司的哦？
能给我个空的收据吗？	亲，不好意思，我们这边规定不能开空的收据。不知道亲要空的收据是有什么用哦？我看看能不能想想其他办法帮到您呢？
支持信用卡付款吗？	亲，我们商城是支持信用卡付款的，亲可以使用信用卡的
信用卡付款需要收手续费吗？	亲，使用信用卡支付关于手续费的情况有两种：①若卖家开通“信用卡支付”服务，则需要卖家支付相关手续费，该费用交易成功后从卖家收到的钱款中自动扣除，买家无须承担手续费。②若卖家未开通“信用卡支付”服务，则需要买家支付相关手续费，手续费会直接增加在订单成交价中。我们店铺已开通了信用卡支付服务，所以无须您承担费用哦
可以分期付款吗？	亲，如果您使用的银行支持的话，一般天猫上消费金额满 600 元就可以使用分期付款
能货到付款吗？	亲，我们是支持货到付款的哦，不过，亲货到付款额外会加收一些费用，如果亲有支付宝，建议使用支付宝哦
怎么拍货到付款？	亲，您选好宝贝单击结算后，在配送方式那里选择货到付款，提交订单会显示现金支付，单击“确认”就 OK 了

小经验

发票问题

客户询问是否可以开发票，回答一定是肯定的，但是其中不能排除，票根刚好用完的情况。可以安排货品先给客户发过去，发票等票根到了再补发。另外，客户有要求多开发票金额，可以另付税点时，我们要委婉地拒绝客户。告知客户实际付款金额是多少，我们给开票的金额就是多少。

信用卡付款

（1）天猫商家都默认支持信用卡付款（除不开通信用卡的特殊类目外）。

（2）信用卡结算不得向买家收取任何形式的手续费。

（3）分期付款跟商家无关，是买家和银行的不同结算方式，商家是一次性拿到款项的，因此，如买家要求信用卡分期付款，请商家务必同意。

三、推荐产品技巧

推荐产品要多了解客户的想法、需求，推荐产品最关键的是了解产品，只有了解了产品和客户的需求才能做到专业的推荐。推荐产品技巧主要有以下几个方面：

1.“颜色推荐”技巧

颜色推荐可按肤色推荐、喜好推荐或引导客户让客户的亲人和朋友给出建议。对于喜好推荐，要询问客户喜欢的颜色，引导客户自己选择，如果没有喜欢的颜色，可根据肤色来推荐或引导客户让客户的亲人和朋友给出建议。对于肤色推荐，偏白的肤色配什么颜色都好看，可让客户自选；偏黄的肤色，要记得禁止推荐黄色系的衣服；偏黑的肤色，建议选择暖色系的衣服。另外，因为颜色方面的问题比较主观，还可以通过销量、基本色调搭配去推荐。“颜色推荐”话术举例见表 2-25。

表 2-25 “颜色推荐”话术举例

客户咨询	客服话术
这款什么颜色好看？	亲，您平时喜欢什么色调的衣服呢？这款××色销量比较好，亲可以看看喜欢不？
我肤色偏黑，穿什么颜色的会好看些呢？	肤色稍黑些……亲可以考虑下暖色系的衣服，个人感觉会比较好看些，这几件就不错（发链接）。亲也可以参考下哦
我前面看的那套还有什么颜色？	（有）亲，您看的这个还有其他的颜色哦，我发给您看看呢
	（没有）亲，您看的只有这个颜色的哦，没有其他的，您喜欢什么颜色的可以告诉我，我这边给您查下其他的款式发给您看看

2.“款式推荐”技巧

款式推荐要多了解客户平时的穿衣风格和喜好，例如是喜欢衬衫还是喜欢 T 恤。款式推荐还可以根据关联相应的套餐做出推荐。“款式推荐”客服话术举例见表 2-26。

表 2-26 “款式推荐”客服话术举例

客户咨询	客服话术
能不能再给我发上几个同款类的衣服？	好嘞，没有问题，您稍等，我这就给您发链接哦
给我介绍几款好看点的？	好嘞，没有问题哦，不过亲，您先告诉我您大概喜欢什么样子的/什么风格的呢？
有没有带点格子的？	（有）亲，有的哦，我这就给您发链接哦，您稍等
	（没有）亲，暂时还没有带格子的款式哦，您还喜欢什么类型的呢？

3.“尺码推荐”技巧

尺码推荐的流程：①询问身高、体重、平时穿衣尺码，然后进行推荐。②如果客户犹豫，则询问胸围、腰围，再次进行推荐。如果客户犹豫，则给出两个尺码让客户决定。

如果店铺的商品尺码规格是标准、统一的，可以直接告诉客人选择相同的尺码；如果尺码规格不标准、不统一，则将客户看中的产品发给客户看下，另外再做推荐。切记推荐尺码时不要把话说得太满、太肯定。“尺码推荐”客服话术举例见表 2-27。

表 2-27 “尺码推荐”客服话术举例

客户咨询	客服话术
我 176cm、124 斤要穿什么尺码？	亲，按您提供的数据，××码亲穿起来会比较合适的哦
我这件衣服要穿什么尺码呢？	亲，您的身高、体重是多少？我这边给您参考下（了解客人的数据，然后推荐）
我平时裤子都是穿 32cm 的，你们这个我要穿多大？	亲，我们家的可能和您平时穿的尺码会有点不同，亲可以把身高、体重和腰围和我说下，这样我给您参考的尺码会更准确些（先了解客人的数据，然后推荐）

（续）

客户咨询	客服话术
我 176cm、114 斤，这款裤子要穿什么尺码？	亲，裤子除了身高和体重以外，腰围也是很重要的参考元素，亲把您的腰围和我说下，我这边给您参考下尺码
我 175cm，120 斤，你说我是买 M 的还是 L 的好呢？	亲，平时是喜欢宽松风格，还是修身风格呢？如果亲喜欢修身一些，M 会比较合适（客人比较犹豫，问清客人穿衣风格帮他做决定）
其他款式也适合这个码吗？我还看中另外一件，也是这个尺码吗？	亲，我们不同的宝贝尺码上会有点差异，您看中的是哪款？发给我看下，我给您参考下

四、处理异议的技巧

网络购物售前阶段出现的客户异议主要有价格异议、尺码异议。客服要尽可能解决客户的异议，促成交易。处理异议的技巧主要有以下几个方面：

1. 价格异议的处理

价格议价主要是客户觉得价钱高了或者是想讨价还价，此时客服可以从天猫价格不可以修改、包邮、优先帮其发货等方面去说服客户。价格异议客服话术举例见表 2-28。

表 2-28　价格异议客服话术

异议类型	客户话语	客服话术
以去零头，凑整数为由	这件 530 元算 500 元整吧，我也好付款？	亲，非常不好意思，天猫价格是不可以修改的，所以我们上架的价格都是最低的。而且我们还是包邮的哦，这也是用另一种方式给您的优惠（说明天猫价格修改不了，包邮也是一种优惠）
以介绍朋友为由	你给我打个折，我给你介绍朋友来买	亲，很感谢亲为我们做宣传，不过这个价格真的已经是非常低了，亲收到衣服肯定会觉得物有所值呢（感谢客人的同时表明价格很低了）
以不买为由	不优惠我就不买了	亲，天猫价格是不可以修改的，所以我们上架的价格都是最低的。您看我这边申请帮您优先发货，今天就帮您发出，您看这样好吗？衣服真的是非常好的哦（可以从别的方面给他点好处，再说明下宝贝的价值）
以包邮为由	你们包邮，我拍了 4 件，给你们省了 3 次邮费，你们不给我优惠我就一件一件拍	亲，快递是和首重有关系的，重量超过了，快递费也是会增加的。所以有一些店铺都是一件包邮，二件要加××钱。我们家是不管几件都包邮，所以亲分开拍和一起拍其实对我们一样的。而且分开拍亲收货方面和时间方面都会拉长呢。我们的衣服真的已经是物超所值啦（可以和客户说明他一起拍和分开拍是一样的，分开拍反而让他收货不方便，最后再说明下我们的产品真的很优惠了）
要给折扣	你看我买这么多，你给我打个 9 折吧。下次还来	亲，真是为难我啦。这样吧，我去和我们主管申请下，看看能不能给您这个价格，不过估计有点困难呢，亲稍等下
		亲，非常抱歉，您说的折扣真的申请不下来，要不您看××元可以吗？我可以再去问下，否则真的是难倒我啦
批量采购	我们公司需要大批量采购西装，你这边最低的价格是多少啊？	亲，那您需要多少件呢？如果是大批量购买，我需要问下我们主管
礼物异议（礼物也是一种变相的议价）	有小礼物吗？	（无）亲，不好意思哦，本店现在没有送小礼物，所有优惠都体现在价格上了，还希望亲谅解哦，如果以后我们有了小礼品，亲再过来购买一定赠送的哦
		（有）亲，我们仓库的同事会给您安排神秘小礼品一份哦，具体是什么我们也不是很清楚呢，因为都是仓库的同事负责，嘿嘿，希望亲收到会喜欢哦

2. 尺码异议的处理

面对客户提出的尺码异议，客服可以建议客户查看商品详情中关于尺码的说明和其他买家评价，或告诉客户天猫店是支持七天无理由退换货的。关于尺码异议的客服话术举例，见表 2-29。

表 2-29　尺码异议的客服话术举例

客户异议	客服话术
大了或者小了怎么办？	亲，您放心，我们是支持七天无理由退换的，如果不合适，您联系我们给您安排更换的哦，我们一定尽全力给您处理一直到您满意为止
你们推荐的尺码不合适怎么办？	亲，一般给您推荐的尺码穿上刚好合适的，当然我们也不能 100%保证，要不这样，您可以看看其他买家的评价，多一份参考哦！万一要是不合适，您可以联系我们给您更换呢

五、促成交易的技巧

催单是一门艺术，关系到你前面的努力会不会徒劳，所以促成交易是非常关键的。催单客服话术举例见表 2-30。

表 2-30　催单客服话术举例

催单方式	客服话术
从发货时间上（客人没有拍下或是客人拍下还没有付款）	亲，您现在拍下，今天可以帮您安排发货了，很快的哦
	亲，您 4 点之前拍下，今天还可以帮您安排发货呢。亲要抓紧咯
从活动时效上	亲，我们正在举行××活动，今天是最后一天，亲如果喜欢可要尽快拍下哦
从产品本身或是库存上	亲，这款是我们店铺最热销的，各方面都非常好哦，亲买下后肯定会感觉物超所值的
	亲，这款库存不多咯，亲要是喜欢可以直接拍下
从客户立场角度出发	亲，我看您还有一笔订单拍下没有付款，是不是碰到什么问题了呢，有什么需要我帮忙的，亲尽管吩咐呢
客户问好问题就消失了（要主动联系客户，询问客户没有拍下的原因）	亲，还在吗？有什么我可以帮上您的嘛
	亲，怎么还没有拍下呀，是不是这边还有什么不明白的呢？

六、确认订单技巧

确认订单主要是向客户核对地址、款式、颜色、快递是否能到，说明是否是预售款等。确认订单的目的是将重要内容进行强调，表达对所讨论内容的重视和澄清双方的理解是否一致，减少交易的差错率。

例如，确认订单的话术可以是：亲，您的订单已经收到，我们将尽快为您发货！您的地址是：××××××。感谢您的支持！

七、礼貌告别的技巧

礼貌送客是客服对自己前期努力的完美收官，是让新客户成为老客户的一种重要手段。

礼貌告别的话术可以是：

（1）谢谢亲的惠顾，亲有任何问题都可以联系我。祝您生活愉快。

（2）亲，收到货若有任何疑问可联系小的，若满意宝贝，希望亲可以打赏我们全五星好评！谢谢您的惠顾。（提醒好评）

（3）谢谢您的支持，天气炎热，亲要注意防暑！对宝贝有任何疑问都可第一时间联系小的们，小的们会尽全力为您服务。宝贝满意的话记得赏赐我们全五星好评，谢谢您（温馨提示）！

八、下单发货的技巧

下单发货时，客服要注意的是要做好备注和跟踪，这样能有效减少售后工作，节约售后成本。如客人拍下后更换尺码、更改颜色、更改地址、答应客人的优惠和当天发货等，都要认真做好备注，自己做好跟踪。对于特殊订单记得要联系跟单客服去跟踪安排。

任务评价

结合理论知识学习和任务实施的具体过程，将操作内容记录在表 2-31 中，并对完成效果进行评价。

要求：表 2-31 列出的 8 个知识点，都是完成本任务必须要掌握的；2 个技能点是售前客服必须掌握的，是本次评价的重点。

表 2-31　客户接待和沟通技巧必备知识与技能评价表

项目	内　　容	简 要 介 绍	评　　价				
			很好	好	一般	差	很差
知识	进门问好						
	接待咨询						
	推荐产品						
	处理异议						
	促成交易						
	确认订单						
	礼貌告别						
	下单发货						
技能	接待话术						
	接待话术技巧						

项目三

售中有效订单的处理

项目导学

网店售中客服的主要工作是对有效订单的处理，包括确认订单、核对信息、下单发货等。

通过本项目的学习，您会对售中客服工作有一定的了解，在今后接待客户的时候知道如何应对。

项目目标

- 知道核对订单信息具体包括的内容
- 掌握礼貌告别的方法
- 能完成发货操作
- 会填写快递打印单
- 会进行快递单号查询

任务一　确 认 订 单

情景导入

通过前期培训，张婷已经掌握了一定的售前接待技巧，她想在接待的过程中，如果客户已经下单，是直接感谢客户说告别话语，还是有其他操作？她意识到作为一名合格的客服，必须掌握客服工作的全部内容，因此，她主动找到主管要求学习售中客服的工作内容。

情景分析

售前咨询、售中引导和售后服务是网店客户服务工作的主要内容，在店铺经营过程中，小规模的网店一般未对客服进行划分，有一定规模的网店即使将客服进行划分，也只有售前和售后之分，在实际工作中售前客服承担着售前和售中两方面的工作，在客户下单、售前工作结束后，售中工作要做的第一件事就是和客户核对订单。

任务实施

任务实施导航结构图：

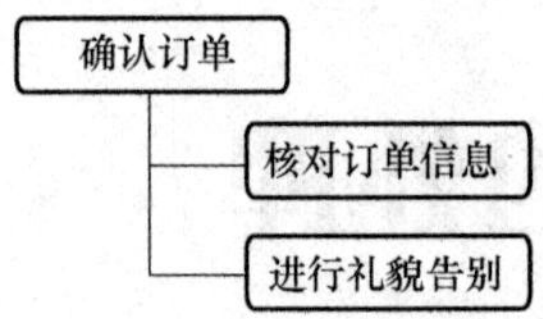

一、核对订单信息

利用网络查询核对订单包括哪些项目和具体内容，将其填写在表 3-1 的前两列中，并设计核对信息的客服话术，填写在表 3-1 的第三列中。

表 3-1 核对订单信息内容及话术

订单信息项目	具体内容	客服话术
收货信息		

二、进行礼貌告别

1．请设计三句礼貌告别语，填写在表 3-2 的第二列中。

表 3-2 礼貌告别语

编 号	礼貌告别语	他人评价
1		
2		
3		

2．将设计的礼貌告别语读给同学或老师听，让他们对你的设计进行评价，完成表 3-2 中他人评价部分。

3．认真思考他人评价的内容，对设计的礼貌告别语进行完善。

知识链接

一、网店售中服务概述

1．网店售中服务的含义

目前对大多数网络卖家而言，客服一般都只分为售前和售后，售中和售前并没有特别明确的区分。网店售中服务是对有效订单的处理，是指从客户在网上拍下宝贝到确认收货的过程，主要包括引导客户付款、核对订单信息、添加备注、礼貌告别、下单发货、物流配送和客户确认收货等。

2. 网店售中服务的内容

售前客服解答客户的各种询单问题后，客户拍下订单初步表示有意愿购买。客户下单后，售中客服需要做哪些工作呢？

买家提交订单后，卖方后台的交易状态有：未付款/已付款、待发货/已发货、确认收货/退换货、交易完成、评价。售中客服的工作职责是跟进订单，直到客户确认收货，完成交易。售中客服的工作内容根据后台交易状态不同主要有：

（1）对于未付款的订单，客服要与客户进行沟通，了解未付款的原因，也就是常说的催付；当因邮费或其他原因需要修改价格时，客服修改价格后要做好备注。

（2）对于已付款的订单，客服要与客户核对订单信息，然后礼貌告别。

（3）订单确认后，进入发货环节，一般大型公司的发货由仓库工作人员完成，小公司要由客服网上单击发货，填写、打印快递单，输入相应的快递单号。

（4）在客户确认收货前，可能会对快递情况进行询问，一般物流跟踪系统会清晰显示物流状态，大部分的客服会自己查看，少数新手买家会进行咨询，客服查看告知即可。若遇特殊情况，客服需要进官方网站进行查询，或电话给快递公司询问具体情况，然后告知客户。

小经验

引导客户付款

客户下订单后，如果迟迟没有付款，客服就应该询问客户，了解未付款的原因。客户拍下订单未付款的常见原因主要有：

（1）还想考虑一下，对比其他产品。

（2）价格太贵，再考虑下。

（3）卡里余额不足或支付受限。

（4）支付工具问题，如U盾、数字证书等。

（5）其他问题。

催付最常用的方式是利用即时聊天工具进行催付，客服可以先通过即时聊天工具，查看客户的聊天记录，了解客户的购买信息，然后询问客户未付款的原因，提供帮助，让其尽快付款。只有了解客户未付款的真实原因，才能有针对性地帮助客户，尽早促成交易的完成。客服常用话术，如“亲，您拍下的宝贝（附带链接）还没付款哦，有什么我可以帮助到您的吗？”客服还可以巧妙地借用活动时间紧迫感来催付，如限量版、仅限今天付款有效或者现在付款当天可以发货等，客服话术如“亲，您拍下的宝贝还没付款哦，我们16:00前付款的订单当天安排发货哦！”

客服收到客户回复要认真分析和对待。如果是因为付款过程遇到问题，说明客户是真心想买的，只是系统问题给他造成麻烦，客服只需主动问出原因，并告诉客户，协助他处理好这个问题即可；如果遇到新手买家，客服要耐心指导付款操作，发图解教程让客户更容易上手。如果客户说不想要了，问问具体原因，得到信息后，说些客气话，留个好印象结束即可，如“没关系，如果亲以后有什么需要，还是可以联系我的哦！”

客服要注意不能过度催付，表达也不能太过生硬，催付后一定要做备注，避免再次催付引起客户的不满。

二、订单确认

1. 核对订单信息

客户下好订单，客服在收到客户订单付款信息后，要通过即时聊天等网络工具或相关通信工具，与客户取得联系，确认客户填写的信息是否正确，特别是收货地址、联系人姓名、联系方式、订购的商品信息等，避免因这些错误而引起的纠纷。

细节决定成败，核对信息这关要把好，可以提高服务指数，避免诸多后续售后问题。核对订单信息处理的好就会给客户增加满意度，反之则可能出现一系列的问题，比如地址错误快递无法派送、联系方式错误客户无法收到快件、商品信息错误要求退换货等。

核对订单信息，客服人员要做到以下三点：

（1）核对客户收货地址、姓名、电话是否有误。

（2）核对下单尺码、颜色是否有误。

（3）核对发货时间、发货快递是否被客户接受。

客服核对订单情况，如图 3-1 所示。

图 3-1 核对订单

小经验

添加备注

客服在与客户沟通的过程中，或者在核对订单时客户有什么特殊要求，如指定快递或提出要赠送一个小礼品等，客服一定要做好备注。添加备注可以在咨询接待的任何时候，最好是和客户达成一致后立刻备注，避免因客服工作繁忙而忘记，从而失信于客户。

2. 礼貌告别

核对完订单之后紧接着就是礼貌告别。中国人讲究礼仪，离开时需要和对方说一声，这是礼貌告别的一种方式。网店客服不同于实体接待，是通过毫无生机的计算机与客户进行交流，客户看不到客服的表情和热情，因此不能简单地说“再见”，而是要用丰富的表情以及礼貌的用语表达我们的热情。如：

（1）非常高兴可以接待您，您的慷慨就像加勒比海一样宽广，后续有任何问题您都可以联系我们，祝您生活愉快。

（2）感谢您的惠顾，我们会及时地把货发出，在发货前我们会严格检查，并仔细包装。请您在签收时务必检查产品外包装，当着快递的面拆开包裹仔细检查，如发现数量不对或质量有问题，请不要签收，将包裹退回来，并及时和我们联系，我们会第一时间给亲处理的。感谢您对我们工作的支持和理解，任何问题我们都会帮您解决的，欢迎您的下次光临。

（3）非常感谢您的支持，我们有做得不好的地方，您都可以提出，我们会多加改进的。感谢您对××的支持，祝您生活愉快。

好的结束语可以给客户留下良好的印象，让客户得到满足感，幸福指数上升，在收到货后可能会给予我们良好的评价，甚至会在评价当中专门对客服提出点名表扬。

任务评价

结合理论知识学习和任务实施的具体过程，将操作内容记录在表 3-3 中，并对完成效果进行评价。

要求：表 3-3 列出的 2 个知识点是要完成本任务必须掌握的；2 个技能点是售中客服必须掌握的，为本次评价的重点。

表 3-3　确认订单知识与技能评价表

项　目	内　容	简 要 介 绍	评　价				
			很好	好	一般	差	很差
知识	核对订单						
	礼貌告别						
技能	核对订单技巧						
	礼貌告别话术						

任务二　下 单 发 货

情景导入

张婷在思考：客服在和客户核对完信息后，有形物品要到达客户手中，必须要经过物流公司的配送，那么在此环节客服该如何操作呢？

情景分析

和客户核对完订单信息后就是下单发货操作，客服需要了解一定的发货操作和物流知识。

任务实施

任务实施导航结构图：

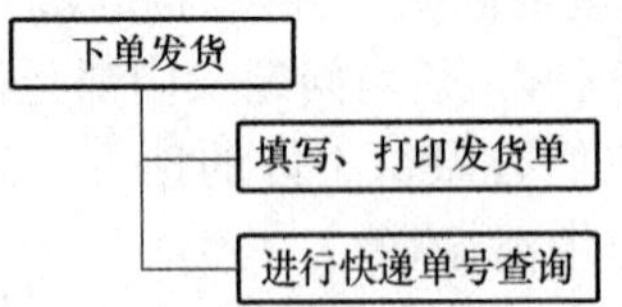

一、填写、打印发货单

本环节以填写顺丰速运快递单为例进行。

1．填写发货单。请按以下地址填写表 3-4 的快递单，发货人地址填写自己的地址。

收货人信息：

收货地址：湖北省武汉市汉口硚口区解放大道××号××公司；收货人姓名：张三；邮政编码：430000；联系电话：189××××3467

表 3-4 快 递 单

SF EXPRESS 顺丰速运

为提供更便捷的寄递服务，请登我司网站或拨打全国统一服务热线 4008 111 111 www.sf-express.com 全国服务监督电话 0755-8315 1111

①寄件人信息 Shipper information			
客户编码			
寄件公司		联络人	
地址			
区号		联系电话	
②收件人信息 Consignee information			
客户编码			
收件公司		联络人	
地址			
区号		固定电话	
③托寄物详细资料 Shipment Information			
托寄物内容		数量	
④体积重量 Dimensional Weight			
长 cm	宽 cm	高 cm	

⑤业务类型 Shipment Type		
□即日到	□陆运达	
□普货	□陆运通	
⑥附加业务类型 Additional Service Type		
□代收货款	卡号：	
	金额：	
□签单	回单号：	
□寄方偏远 □到方偏远		费用
□夜晚收件		费用
□等通知派送		费用
□包装		
□其他	□特殊保价 □特殊配送 □其他个性化服务	
保价	声明价值:	
□是 □否	保价费率:	
⑦费用 Charge		
件数:	计费重量:	
实际重量:	费用合计:	

⑧地区代码 Area Code		
原寄地	目的地	自取件 □
		自寄件 □
⑨付款方式 Payment of Charge		
□寄方付	□收方付	□第三方付
月结账号		
第三方付款地区		
⑩收派员信息 Courier Information		
收件员	派件员	
⑪寄件人签署 Shipper's Signature		
日期： 月 日 时 分		
⑫收件人签收 Consignee's Signature		
收件人签名		
日期： 月 日 时 分		
备注：		

2．打印发货单。进入卖家后台，单击“物流管理→发货→等待发货订单”，选择要打印的订单后单击“批量打印发货单”链接，如图 3-2 所示。

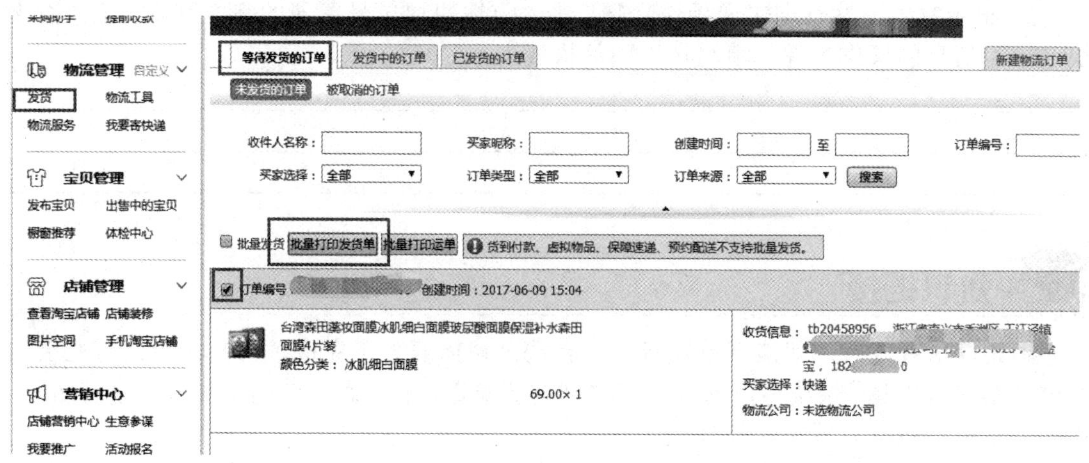

图 3-2　打印发货单

二、进行快递单号查询

利用网络查询快递的方法很多，下面以快递之家为例，完成快递信息的查询体验。

1．进入快递之家网站。利用百度搜索快递之家或者直接在浏览器的地址栏中输入网址：http://www.kiees.cn，进入快递之家首页，如图 3-3 所示。

图 3-3　快递之家首页

2．输入快递单号，查询快递信息。在“输入快递单号”文本框中输入单号，如70439308242001，即可查询到快递信息。

3．记录官方网站查询快递操作步骤。进入上述快递单号所属的官方网站，记录查询快递单号信息的操作步骤，填写在下面的横线上。

____

____

____

知识链接

确认订单有效后，就该下单发货了。有些公司需要人工完成填写快递单，有些公司会借助第三方工具，系统将自动分配订单到仓储配送部门，由仓库的工作人员进行审单、打印、备货、包装、发货的处理。

一、填写、打印快递单

客户下好订单，就需要安排发货。通常会借助第三方工具来完成发货。订单量越大需求会越大，如 ERP 软件或者 E 电宝等，这些软件不单单可以管理发货，还可以有效管理库存，与之合作可以大大提高发货速度。

如果要个别发货的话，可以在后台进行操作，如图 3-4 所示。

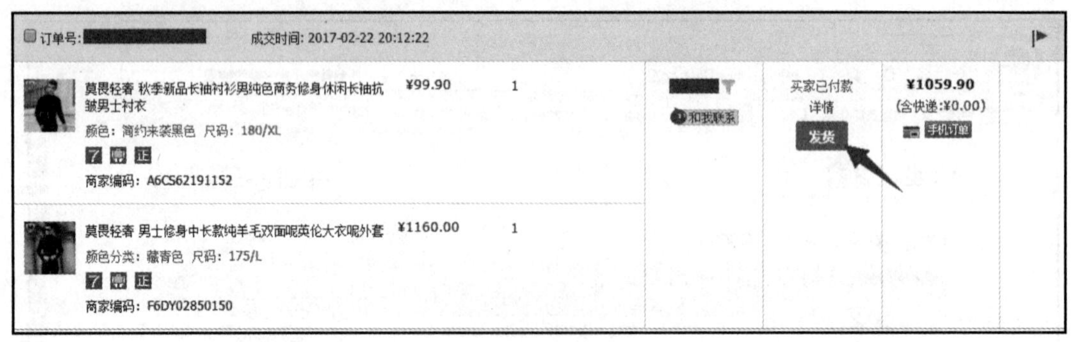

图 3-4　订单详情

单击“发货”按钮，跳转到当前页面，如图 3-5 所示。

发货提示主要有三步：

第一步：确认收货信息及交易详情。客服如果事先核对过订单信息，此处再看一下即可。

第二步：确认发货/退货信息。该步骤的发货/退货信息一般都是事先填写好的公司地址，客服在操作中一般不需要修改。

第三步：选择物流服务。可在线下单，也可自己联系物流公司，如果是无形商品，就选择无需物流。如果选择“自己联系物流”，则将发货的快递单号准确无误地填写进“运单号码”处，然后单击“确认”按钮即可。

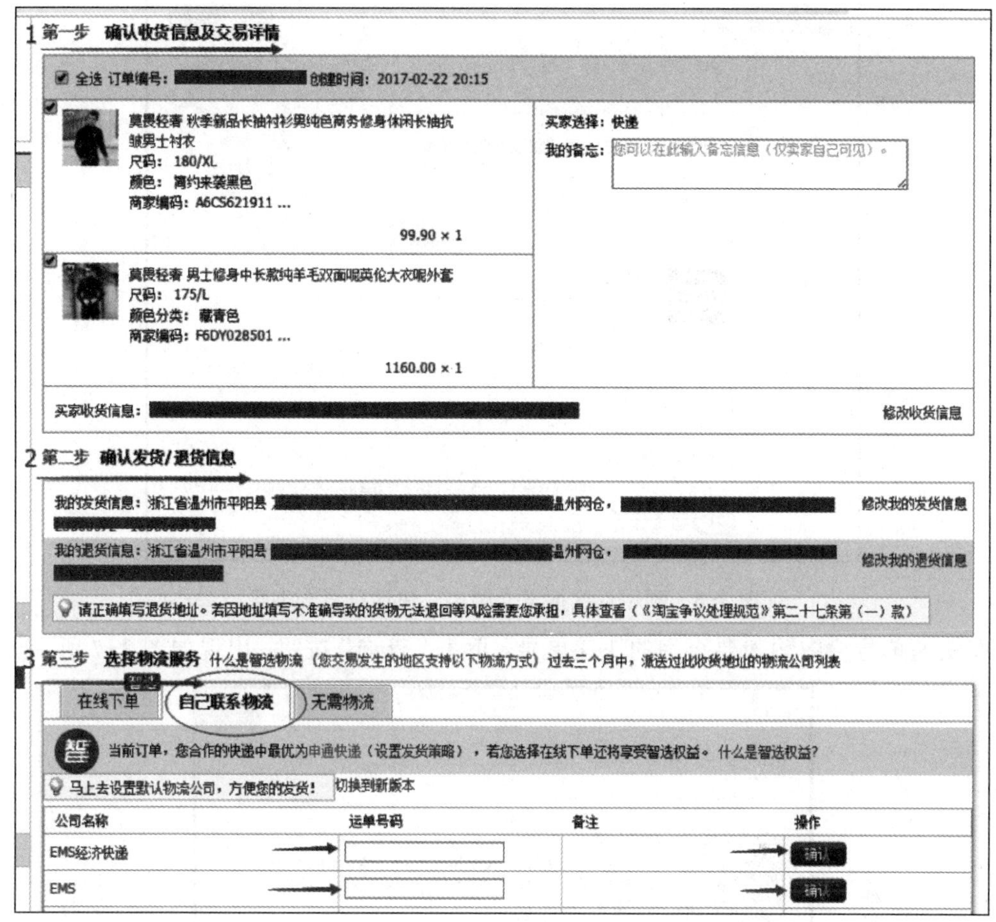

图 3-5　发货页面

小经验

一个快递单号只能给一个 ID 使用，不同的 ID 要使用不同的单号，一个快递单号也只能使用一次，不能重复使用。重复使用会涉及违规，可能要被处罚。如淘宝为了规避刷单，除非同一个客户，相同的收货信息，在短时间内同时下了 2 个订单，才可以同时用一个单号，系统默认的是合并发货，如果不满足以上条件，同一个单号就无法在一个店铺内使用。

二、快递单号查询

发货之后还需要帮助客户跟踪快递行踪，保证快递准确无误地到达客户手上。目前大部分电子商务网站与快递公司都有合作，在交易记录里可直接跟踪物流信息。若无，则可进入官方网站查询，或利用专门的快递查询网站进行查询。

下面介绍顺丰快递单号查询方法：

方法一：利用百度搜索“顺丰”，在搜索结果中会出现查询页面，如图 3-6 所示。

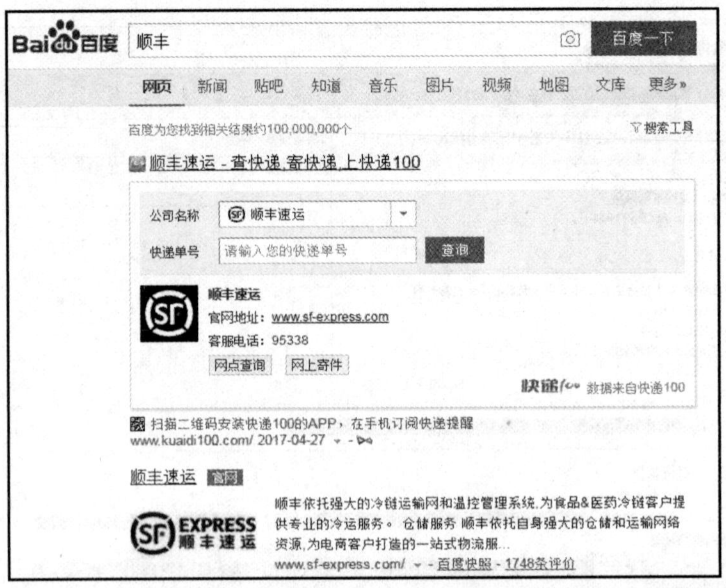

图 3-6 利用百度搜索“顺丰”快递单号查询页

在快递单号栏中输入要查询的快递单号，单击“查询”按钮，出现如图 3-7 所示页面。

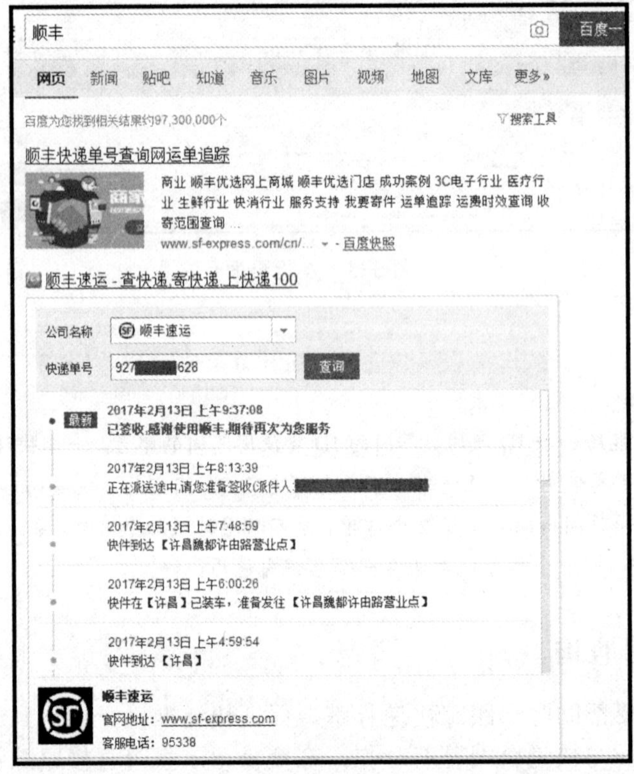

图 3-7 最新快递状态查询页

方法二：进入顺丰官网进行查询。利用搜索引擎搜索进入，或在浏览器地址栏输入顺丰官网网址：http://www.sf-express.com，单击进入。顺丰官网首页如图 3-8 所示。

图 3-8　顺丰官网首页

将鼠标移至“运单追踪”，在查询栏中输入快递单号，单击“查询”按钮，查看查询结果，如图 3-9 所示。

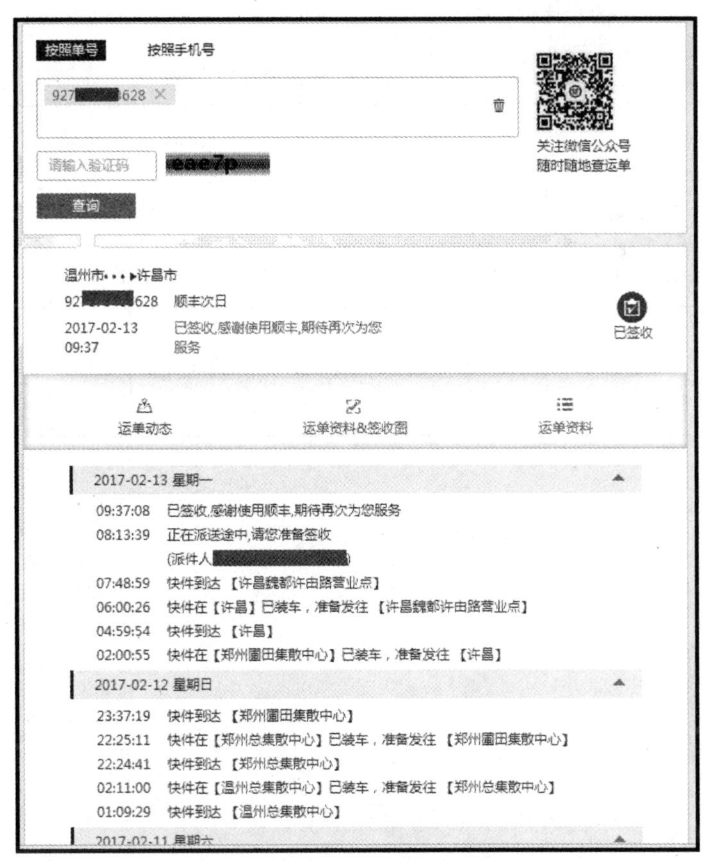

图 3-9　顺丰快递查询结果

“运单动态”中会详细记录快件的去向。有异常动态的情况下，可以电话联系快递公司进行查询。顺丰快递全国统一查询电话是：95338。

小经验

所有快递都遵循同一个原则：寄件方找寄件快递公司进行查询，不论快递现在到达哪里，只要有问题，都可以联系寄件公司进行处理。有需要改地址、快件拦截退回等也都是找寄件公司完成。

询问快递的客户一般都只是需要一份安慰，将查询结果如实告知，再安慰下即可。如果是快递信息超出两天不更新，可能客户所在地较偏远，派送的时间长，需要到达当地中转站扫描后才会更新。客服查询核实具体情况，负责跟进，有新进展后可以用即时聊天工具给客户留言，或者发短信、打电话通知。

任务评价

结合理论知识学习任务实施的具体过程，将操作内容记录在表 3-5 中，并对完成效果进行评价。

要求：表 3-5 列出的 2 个知识点是要完成本任务必须掌握的；2 个技能点是售中客服必须掌握的，为本次评价的重点。

表 3-5　下单发货知识与技能评价表

项目	内　容	简要介绍	评　价				
			很好	好	一般	差	很差
知识	填写、打印快递单						
	快递单号的查询						
技能	填写、打印发货单的方法						
	快递单号查询的方法						

项目四

售后交易纠纷的处理

项目导学

对一个网店来说，良好的售后服务不仅是买方市场条件下参与市场竞争的尖锐利器，也是保持客户满意度、忠诚度的有效举措，更是企业摆脱价格大战的一剂良药。

通过本项目的学习，你会对退换货处理、退款处理、应对投诉纠纷和评价管理等有一个全面的了解，并能掌握一定的售后客服处理问题的方法和技巧，为顺利进行售后服务工作做好铺垫。

项目目标

- 了解退换货的流程，掌握退换货处理的规定和技巧
- 掌握退款处理的方式和技巧
- 正确认识客户的投诉，掌握处理客户投诉的步骤和技巧
- 正确处理差评，掌握评价管理的技巧

任务一　处理退换货

情景导入

张婷在杭州莫畏实业有限公司客服部工作，认为很有必要了解客户售后服务工作，要熟悉售后服务方面的规则，才能更好地为客户服务。于是张婷打开计算机，了解天猫退换货的流程，查看退换货规则，然后向莫畏有经验的客服人员请教退换货的处理方法。

情景分析

张婷想收集、查看最新、最全的天猫退换货规则，她先进入天猫首页，了解了天猫退换货流程，熟悉了七天无理由退换货的规定和有关退换货的相关规定。

任务实施

任务实施导航结构图：

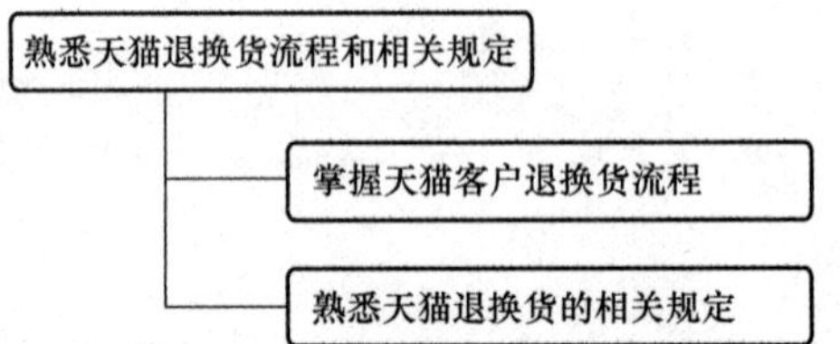

本环节以天猫网站为例，熟悉天猫退换货相关规定及流程。

一、掌握天猫客户退换货流程

1．申请售后。在天猫首页单击“我的淘宝”，找到需要退换的商品，单击“申请售后”，如图 4-1 所示。

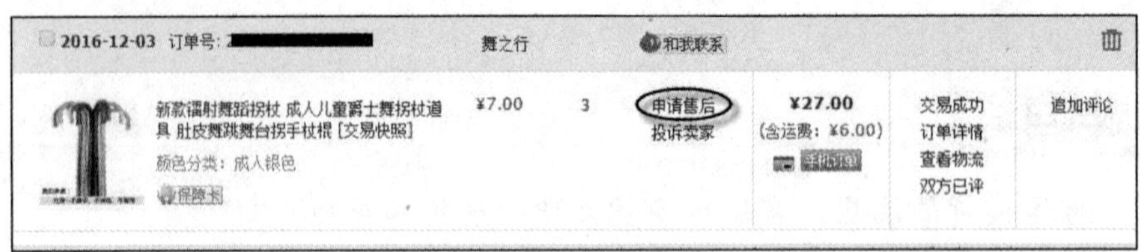

图 4-1 申请售后

2．选择申请的服务类型。根据个人实际情况，选择单击 “退货退款”、“仅退款”或“换货”，如图 4-2 所示。

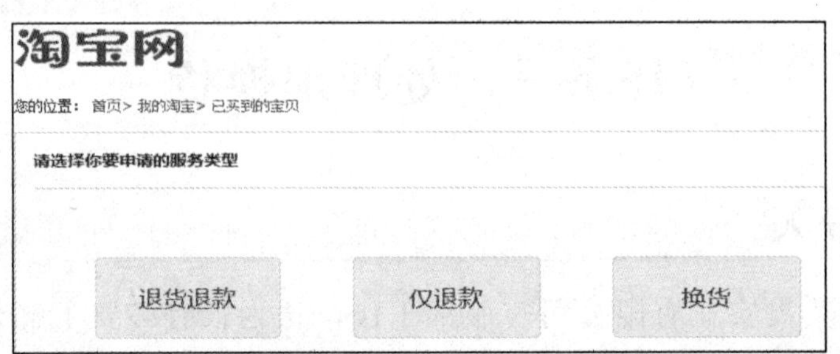

图 4-2 选择申请的服务类型

3．填写退换货申请。如果是换货，填写换货申请，如图 4-3 所示；如果是退货，填写退货申请。

图 4-3　填写换货申请

4．等待卖家处理。如果是换货，提交换货申请后等待卖家处理，系统给予卖家 5 天时间响应换货申请，如图 4-4 所示；如果卖家同意，则按提示进行换货操作。如果是退货，按提示完成操作。

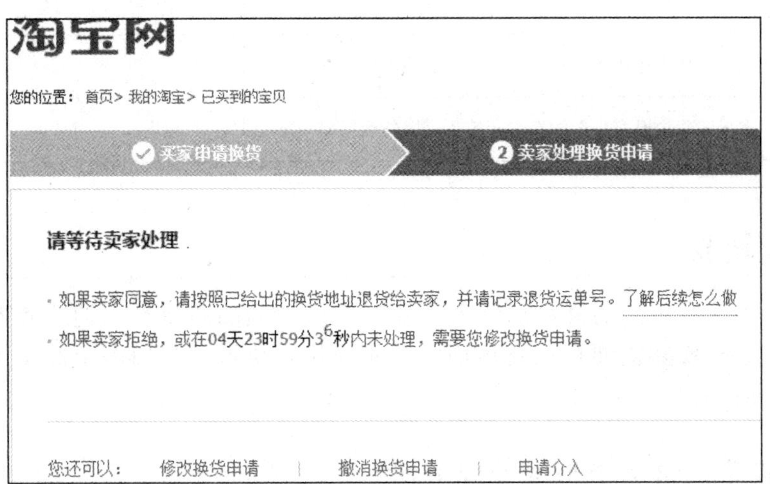

图 4-4　等待卖家处理

二、熟悉天猫退换货的相关规定

1．查看“七天无理由退换货”的相关规定。登录“天猫”首页，将鼠标移至网页右侧滚动条处，单击滚动条拖至网页最下方，出现如图 4-5 所示的页面，单击“七天无理由退货”查看相关的规则。

2．熟悉“七天无理由退换货”规定。根据所了解的“七天无理由退换货”规定，完成表 4-1 内容的填写。

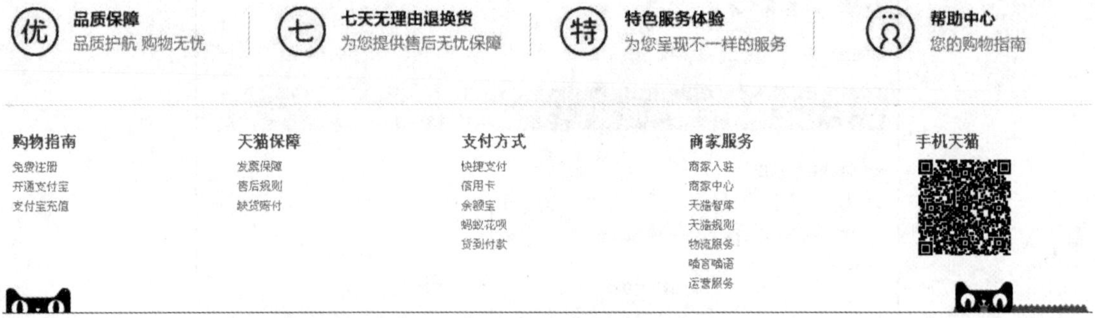

图 4-5　天猫官网首页低端

表 4-1　“七天无理由退换货”规定

序　号	问　题	问题的解答
1	什么是天猫七天无理由退换货？	
2	“七天无理由退换货”的七天如何计算？	
3	买家提出“七天无理由退换货”服务申请的条件是什么？	
4	“七天无理由退换货”服务申请具体有哪些流程？	
5	“七天无理由退换货”中涉及的运费由谁承担？	
6	“七天无理由退换货”中卖家义务及违规处理有哪些？	

知识链接

网络交易中，买家购买商品后觉得商品不合适、商品质量有问题或者其他原因提出退换货请求，这时卖家需要根据具体原因与买家进行协调。目前网上商家大都提供不同的包退或包换服务。

一、退换货的常见类型及处理方法

1. 买家退换货常见类型

买家退换货常见类型主要有以下三种：

（1）未确认收货前的退换货。

（2）买家已经确认收货并进行评价后的退换货。

（3）由于物流原因造成的退换货。

2. 常见退换货处理方法

网店经营过程中，退换货的情况会经常遇见，商家要正确处理。退换货的过程是卖家与买家协商交流的过程，是否能够得到好的解决在很大程度上取决于双方交流的态度。

至于是退货还是更换，则需要根据实际情况来确定。对于退换货的买家，卖家应该以诚恳的态度面对，对于能够换货解决的交易，应说服买家更换商品，尽量避免退款。因为更换商品，卖家依旧可以赚取利润，而如果退款，就没有任何利润了，有时卖家还要承担一定的快递费用。

下面针对上述三种买家退换货的类型，分别介绍卖家处理退换货的常用方法：

（1）未确认收货前的退换货。未确认收货有两种情况：一是买家未收到货物未确认收货，即卖家已经发货，买家还未收到货物时提出了退换货请求；二是买家已经收到货物未确认收货，即已经收到快递公司送达的商品，但在网上还未确认收货。无论哪种情况，当买家提出请求后，客服都要认真询问买家申请退换货的具体原因，然后有针对性地解决买家的疑虑，最好能让买家放弃此次退换货申请。如果买家态度坚决，则指导买家提出退换货申请，正确选择退换货原因，完成网上申请操作。若买家还未收到货物，则告诉买家在收快递环节选择拒绝签收或由卖家联系快递公司追回商品。若买家已收到货物，则告知买家寄回信息，让买家联系快递公司将商品寄回。卖家一定要在平台规定的时间内进入后台处理买家的退换货申请，尽可能给买家一个满意的回复。

（2）买家已经确认收货并进行评价后的退换货。买家已经确认收货并评价，但商品在使用过程中（指定时间范围内）出现质量问题。对于这类情况，卖家需要具体分析并以良好的态度与买家协商解决。如果是商品自身原因，那么应当积极为买家退换；如果是买家原因，那么可以向买家详细说明与协商，切不可因为已经收到货款而强硬拒绝买家的任何退换货请求。

（3）由于物流原因造成的退换货。物流公司在运输过程中导致商品的损坏或者污损是买家退换货的常见原因之一。如果责任属于物流公司，那么当买家提出退换货要求后，卖家应当积极联系物流公司并协商处理以及索赔，期间最好能够给买家一个较好的答复与解决方法，千万不能因为物流公司的原因，最终将责任转嫁到买家身上。

小经验

卖家在制作店铺公告或者商品页面中的备注内容时，最好提供退换货承诺说明，避免因说明不清带来不必要的麻烦，影响店铺信誉等。

总之，在不断销售商品的过程中，偶尔遇到退换货的买家是很正常的，不论出于何种原因的退换货，卖家都要以理性的态度来对待，当买家提出退换货请求后，需要认真分析退换货的原因并给出良好的解决方案。

二、退换货中运费的处理

在退换货的过程中有个很重要的问题——退换货过程中产生的运费应该由谁来承担。退换货中运费的处理，见表4-2。

表 4-2 退换货中运费的处理

退换货原因	具 体 表 现	运费由谁来承担
卖家原因	这类情况包括卖家在发货时发错商品，如尺码、型号、规格错误等	一般需要卖家来承担退换货过程中产生的所有运费
物流原因	在物流运输过程中出现商品污损、损坏或丢失等情况	由卖家先承担，再由卖家和物流公司协商索赔
买家原因	这类情况包括买家选购商品失误导致的错误，如购买服饰时尺码选择错误等，以及买家收到货后对商品进行了使用或影响了商品的完整性	一般需要买家来承担退换货过程中的运费

目前，有些第三方电子商务平台或商家为了让大家的损失降到最小，与保险公司合作推出了一款针对网络交易的运费险。买卖双方均可投保，买方购买运费险，发生退货时，保险公司会在规定的时间内按约定对买方的退货运费进行赔付；卖家购买运费险，如果发生退换货，则可以少付一部分或者全部邮费。例如，客户退货回寄运费 27 元，卖家购买了运费险，卖家就只需付给买家 15 元，而另外的 12 元由保险公司直接付给买家。

小知识

运 费 险

运费险全称为退货运费险，是保险公司针对网络交易，为解决买卖双方在退货中由于运费支出产生的纠纷，适时推出的退货运费险产品，也简称退运险。目前分为买方退货运费险和卖方退货运费险两个类别。区别为：由买方支付保险费的为买方退货运费险，反之为卖方退货运费险。目前在淘宝网商品交易中，买方退货运费险目前仅针对淘宝网支持七天无理由退换货的商品，买方可在购买商品时选择投保，当发生退货时，在交易结束后 72 小时内，保险公司将按约定对买方的退货运费进行赔付，赔偿最低 4 元，最高 25 元。卖方退货运费险是指在买卖双方产生退货请求时，保险公司对由于退货产生的单程运费提供保险的服务。卖方退货运费险目前只针对参加“七天无理由退换货”的商家。

三、退换货处理的技巧

退换货处理的技巧有四点，如图 4-6 所示。

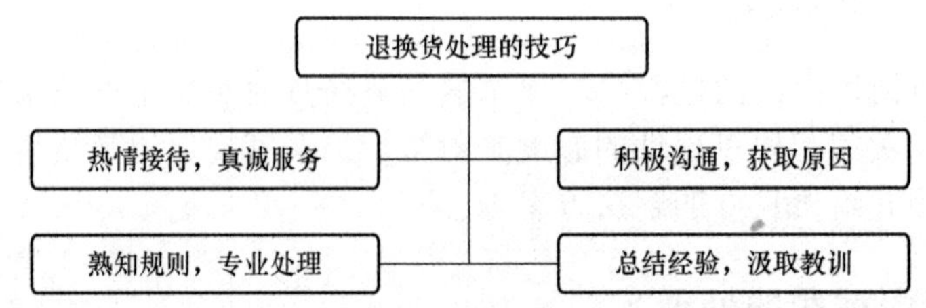

图 4-6 退换货处理的技巧

（1）热情接待，真诚服务。当客户提出退换货请求时，意味着交易可能失败，售后客服在接待客户的过程中，更要做到有礼、有节、有度。热情接待会让客户感觉到并未因为要退换货而受到冷落，反而受到了重视。当你用心为客户服务，用心关心客户时，客户不仅会感谢你，还可能做出更大、更好的回馈，为你想出更好的方案。

（2）积极沟通，获取原因。客户提出退换货请求一定是有原因的，可能是产品的原因，也可能是客户个人原因。但有时客户会随便找个理由，如不喜欢，而不愿意说出真实的原因。客服只有通过与客户真诚的沟通，才能了解客户的真实原因，进而有针对性地为客户服务。在沟通的过程中，客服态度一定要真诚，要表明自己乐于帮助客户解决此类问题，最后询问客户出于什么原因要求退货。只有积极、热情的沟通才能得到客户的信任，达到事半功倍的效果。

（3）熟知规则，专业处理。不同的平台、网站和网店有不同的退换货规则，客服要熟知相关规则。客服在遇到客户要求退换货的时候，要正确地利用退换货规定去处理。按规办事会让客户感受到你的专业，得到客户的信服，但一定要注意沟通方式，用语不能过于生硬。如客户说质量有问题，按网店规则是需要客户拍照的，客服可以这样说："亲，能麻烦您拍几张照片发过来吗？"如果确实是质量问题，要马上向客户道歉，并且承诺退换货，来回的邮费由卖家自己承担，尽最大的诚意让客户感受到卖家对客户是负责任的。如果看不出质量问题，可继续与客户进行沟通，帮助客户解决问题。

（4）总结经验，汲取教训。客服在处理客户退换货时，要善于从退换货原因中汲取经验教训，总结退换货原因，然后制订相应解决问题的措施。例如，如果因为产品色差的缺陷导致客户退货，那么在以后销售这类商品时就要向客户解释由于拍摄原因可能存在一定的色差，从而尽量避免因此而导致的退货问题。客服在处理客户退货时，也要总结为什么客户要退货。总结经验，汲取教训，能有效减少退换货问题的发生，使店铺的发展越来越好。

总之，网上开店遇到退换货问题是不可避免的，网店客服要在熟练了解和掌握退换货规则的基础上，完善自身的服务，从根本上提高客户的购物体验和满意度。

四、企业退换货处理应对策略实例

一般店铺遵循七天无理由退换货规则，有些店铺会支持 60 天无理由退换货规则，如杭州莫畏实业有限公司就支持 60 天无理由退换货规则，因此在解决退换货问题上要因公司情况而定。

退换货处理需要有一定的应对策略，表 4-3 以杭州莫畏实业有限公司为例，通过"事件——描述"的形式，对退换货的应对策略进行简单介绍。

表 4-3　退换货原则与处理技巧

事　件	描　述	应　对	评　价
超出 60 天之后的退换货处理	客户买了衣服，穿几次后发现起球了，现已超过 60 天保障，还可以退换吗？	亲，非常不好意思，您的订单时间已经超过 60 天了，因为时间太长，所以没有办法帮您办理这个退换手续，希望您谅解！您放心，我们这边可以给您分享一些我们处理起球的心得（将处理起球的方法发给客户，帮他想尽所有办法，他会因此感激你的）	不管出现问题还是没出现问题，超过 60 天是不能退换货的。如果碰到无理的客户，客服不要急，和他说明原则，不要出现刺激言论

（续）

<table>
<tr><th>事　件</th><th>描　述</th><th>应　对</th><th>评　价</th></tr>
<tr><td rowspan="2">60 天内不影响二次销售的处理</td><td>客户觉得买到的衣服很好，不过有点不适合自己的风格，可以退吗？</td><td>好可惜，衣服不适合您，不过我们的衣服质量、板型真得非常好，您看看身边有没有合适的朋友可以转手或赠送给朋友呢？而且您可以再看看我们家有没有别的衣服适合您的，我给您打折哦（客户说我们东西好，顺着他的话，要求他不退或换货）</td><td rowspan="2">60 天内出现退换货是正常现象，要尽量降低退换率。客服可以从退货转换货（换尺码或款式）、退货转优惠等。客服要基于服务，提高客户的忠诚度，争取更多的回头客</td></tr>
<tr><td>客户买的衣服太小了，需要换大一码，不过吊牌剪了</td><td>亲，吊牌或者包装损坏，正常情况下是不能更换的，不过既然是我接待的您，肯定希望帮您解决问题，您稍等会儿，我帮您和主管说明一下（根据店铺实际情况决定是否能换，过程中一定要把握客户的情绪）</td></tr>
<tr><td rowspan="4">60天内出现质量问题或影响二次销售的处理</td><td>客户刚收到衣服，扣子就掉了，怒气冲冲来投诉</td><td>亲，真是万分抱歉给您带来麻烦了（安抚），可能是因为包装时扯到了，导致扣子松动，所以您才收到衣服，扣子就掉了（解释），不过您不用着急，我们肯定会给您处理好的（定心）。您看这样，因为寄回来换太耽误您的时间（强调对他不利的地方），您到裁缝店重新缝牢一下，费用方面我们帮您报销（方案）。这也不贵，之前客户处理一下就 10 元左右，您到时候处理完看看多少钱直接联系我们，我们给您打款到支付宝里（铺垫，避免狮子大开口）。这次麻烦您了，以后我们会加强这方面的管理，越做越好（最后再控制一下客户的情绪）</td><td>以公司利益为前提去思考解决方案，给出的补偿金额可以和正常换货邮费的金额进行对比。过程中一定要体会客户的情绪和事件后果，不要有太多的斡旋，以免引起差评或投诉</td></tr>
<tr><td rowspan="2">交易完成 15 天后客户买的衣服洗过一次，已缩水不能穿了，要求退货</td><td>（照片看过之后）亲，真是非常抱歉，给您添麻烦了，因为缩率每件衣服都是有的，正常洗涤是不会影响穿着的，可能是这次出现一些不可抗的因素，导致缩得比较厉害，您看这样，缩水的衣服通过熨烫可以复原的，亲，您拿到干洗店熨烫一下，费用方面我们给您承担</td><td rowspan="2">解决的方案以换货为主，基本不做退货处理，可以从评价和销量的角度说明商家不是每一件都是这样的，引导补偿或换货。客服要进行温和的处理，要以大局为重，有一颗“亏心”。根据客户的性格，做出不同的处理，不过目的都是以最小的代价避免更大的不良后果</td></tr>
<tr><td>（客人不同意自己处理，要求换一件）亲，正常穿洗过的衣服是不能退换的，我提一个方案您看是否可以？就是您给我们修复的费用，把衣服寄回来，我们帮您修复，复原好后给您寄过去，当然如果修复不了，我们就给您重新换一件</td></tr>
<tr><td>客户花 1000 多元买的衣服穿了 2 个月就起球了，要求退货</td><td>亲，我们的衣服是轻奢品质，好的衣服更要您多加爱护，起球和日常生活及洗涤方式有关。您现在订单时间这么久了，直接给您退换，公司肯定不愿意，但既然您联系上我了，我肯定是想给您一个好的处理，现在有两个方法：一是您这边去专业的干洗店修复一下，费用到时候我们帮您报销一部分。二是您可以重新拍一件喜欢的，我给您成本价，当然这次您要多加爱护呀。或者您也可以下次来买别的东西时我们给您个比较大的优惠。您看呢？（具体方案要根据当时客户的情绪和店铺实际提出）</td><td>以为公司节约更多的售后成本为前提，给出一个合理的处理方案就可以了。这种情况主要以退补偿和优惠重新卖客户一件，或是下次购买时便宜一些的处理方案为主</td></tr>
</table>

小案例

网购家具货不对板，协商退货时起纠纷

2016 年底，南宁市民杨先生在淘宝某家具店看中一套实木单人及三人沙发，遂付款订购。2017 年 1 月 12 日，当家具到货后，杨先生发现家具实物在颜色和材质上均与卖家的宣传图片有较大出入，而且卖家在网上标明出售的是某品牌沙发，但发来的沙发属于“三无”产品。杨先生认为，卖家是在盗用其他商家的高档产品图片，其行为属于欺诈。

当杨先生与卖家协商退货遭拒后，遂申请淘宝网仲裁，卖家最终同意退货退款，但双方却因 1000 元的运费再起争执，支付宝公司将该笔货款予以冻结。随后，杨先生将卖家和支付宝公司一起告上法庭。

以案说法：非定制家具属于七天无理由退货商品。

案例的焦点在于该家具是否为个性定制家具。法官认为：虽然卖家主张该家具为定制家具，但在该家具商品页面的“宝贝详情”一项中载明了“不可定制”，图片介绍也详细描述了各种型号货品的具体尺寸，因此，法院认定该家具并非定制商品，符合七天无理由退货商品的要求。另外，此次退货是因卖家造成的，来回运费应由卖家承担。

任务评价

结合理论知识学习和任务实施的具体过程，将操作内容记录在表 4-4 中，并对完成效果进行评价。

要求：表 4-4 列出的 3 个知识点，第 1、2 个知识点要求有一定的了解，第 3 个知识点是要求掌握的内容；2 个技能点重在熟悉天猫退换货的相关规定。

表 4-4 处理退换货知识与技能评价表

项 目	内 容	简 要 介 绍	评 价				
			很好	好	一般	差	很差
知识	退换货的处理方法						
	退换货中运费的处理						
	退换货处理的技巧						
技能	天猫退换货的流程						
	天猫退换货的相关规定						

任务二 处 理 退 款

情景导入

张婷希望自己在客服部能更好地处理售后工作中出现的客户退款问题，所以她继续以客服的身份收集、熟记天猫退款流程和规则，然后请教公司有经验的客服人员，希望在以后的工作中能较好地处理此类问题。

情景分析

张婷继续在天猫官方网站了解客户的退款流程，并熟悉退款的相关规定，希望在以后处理客户的退款工作中得心应手。

任务实施

任务实施导航结构图：

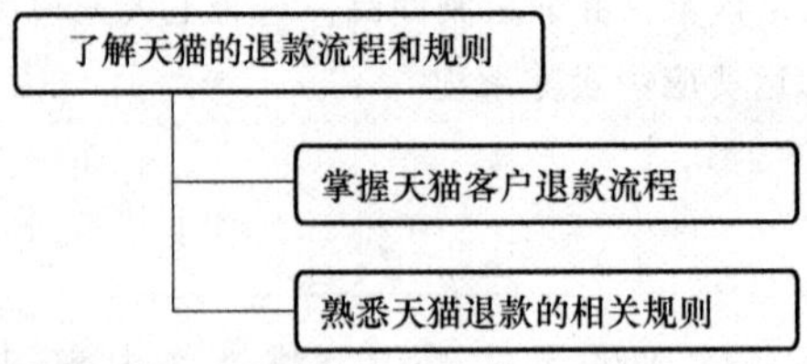

本环节以天猫为例，了解退款的流程和规则。

一、掌握天猫客户退款流程

1. 学会申请“仅退款”的操作流程。

（1）在天猫首页，单击“我的淘宝”进入“已买到的宝贝”，找到需要申请退款的交易，单击“退款/退货”，如图 4-7 所示。

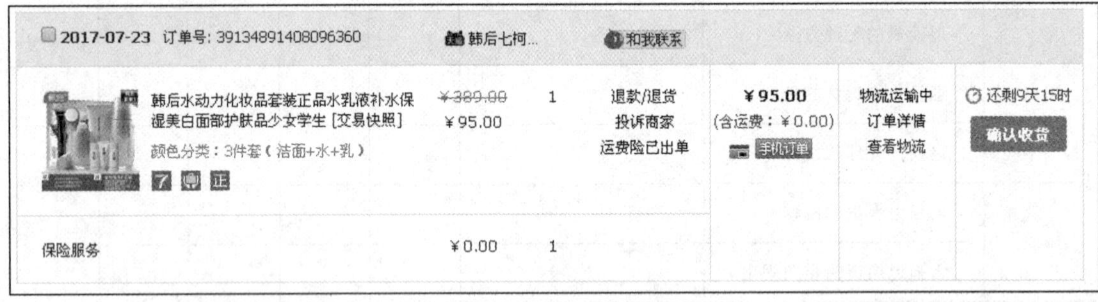

图 4-7　退款/退货页面

（2）选择申请的服务类型。在出现的页面中选择“仅退款”，如图 4-8 所示。

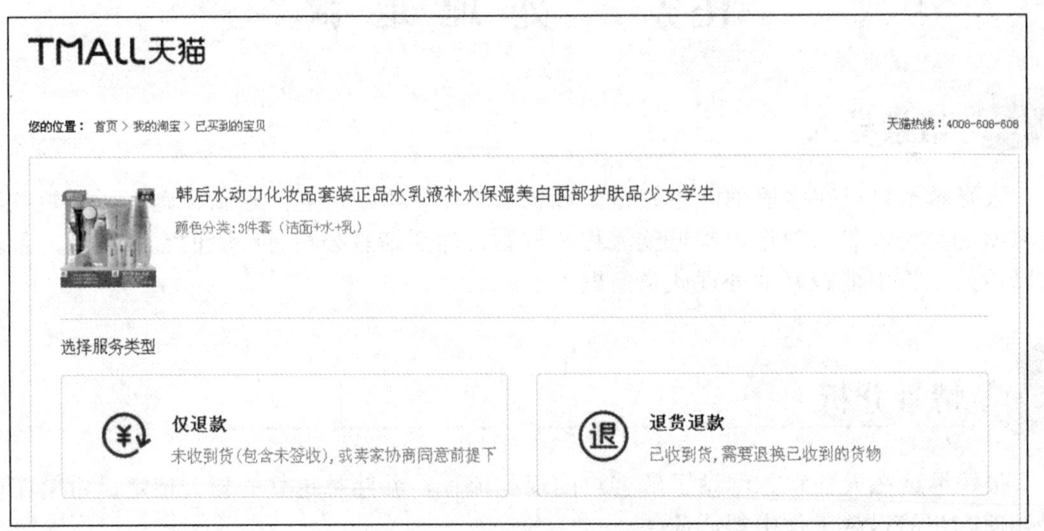

图 4-8　选择申请服务类型页面

（3）提交退款信息，如图 4-9 所示。在是否收到货后可选择“未收到货”或“已收到货”，退款原因根据实际情况填写，系统自动显示退款金额，不超过商品总价，前四项为必须选择项，后两项可自由选择是否填写退款说明和上传图片。

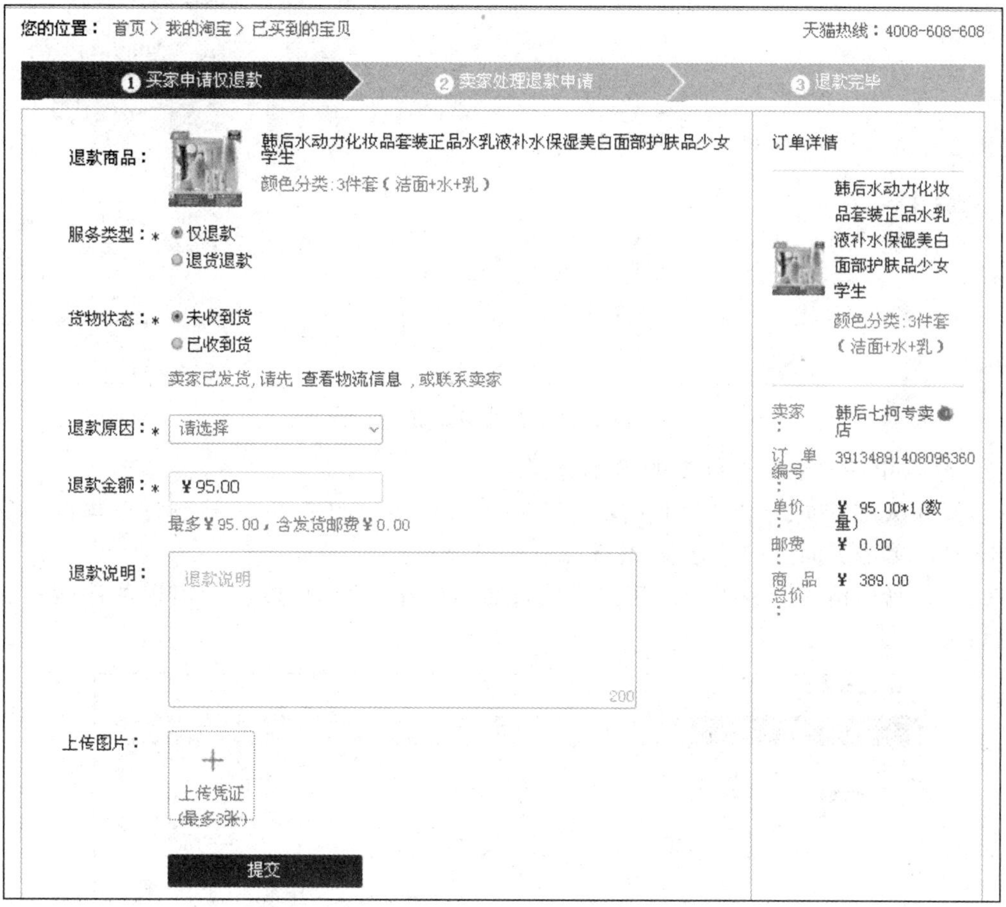

您的位置：首页 > 我的淘宝 > 已买到的宝贝
天猫热线：4008-608-608
1 买家申请仅退款
2 卖家处理退款申请
3 退款完毕
退款商品：
韩后水动力化妆品套装正品水乳液补水保湿美白面部护肤品少女学生
颜色分类:3件套（洁面+水+乳）
服务类型：*
仅退款
退货退款
货物状态：*
未收到货
已收到货
卖家已发货，请先 查看物流信息，或联系卖家
退款原因：*
请选择
退款金额：*
¥95.00
最多¥95.00，含发货邮费¥0.00
退款说明：
退款说明
200
上传图片：
上传凭证
(最多3张)
提交
订单详情
韩后水动力化妆品套装正品水乳液补水保湿美白面部护肤品少女学生
颜色分类:3件套（洁面+水+乳）
卖家：韩后七柯专卖店
订单编号：39134891408096360
单价：¥ 95.00*1(数量)
邮费：¥ 0.00
商品总价：¥ 389.00

图 4-9　买家申请仅退款页面

（4）等待卖家处理退款申请。提交申请后系统会有相应的提示，如图 4-10 所示。后续可以进入“已买到的宝贝”页面，选择“退款处理中”查看退款的详细信息及卖家答复。

买家申请仅退款
2 卖家处理退款申请
3 退款完成
请等待卖家处理
卖家同意或者在04天23时56分11秒内未处理，系统将退款给您。 钱退到哪？
如果卖家拒绝，您可以修改退款申请后再次发起，卖家会重新处理。
如有人以“卡单、系统有问题”为由给您发送退款相关链接，请勿相信，以免钱款被骗。 点击查看详情
仅退款申请
孕妇装春装2017新款花边...
颜色分类:杏色;尺码:M
卖 家：一分轻语 和我联系

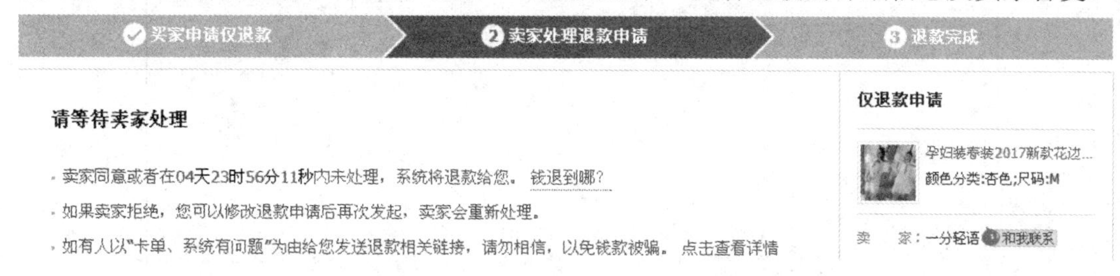

图 4-10　等待买家处理退款申请

（5）退款完毕。卖家有一定的时间来同意和拒绝买家的退款申请，若卖家同意退货协议，款项会立即打给买家；若卖家未处理，到平台规定的时间后系统会自动将退款打给买家。退款成功如图 4-11 所示。

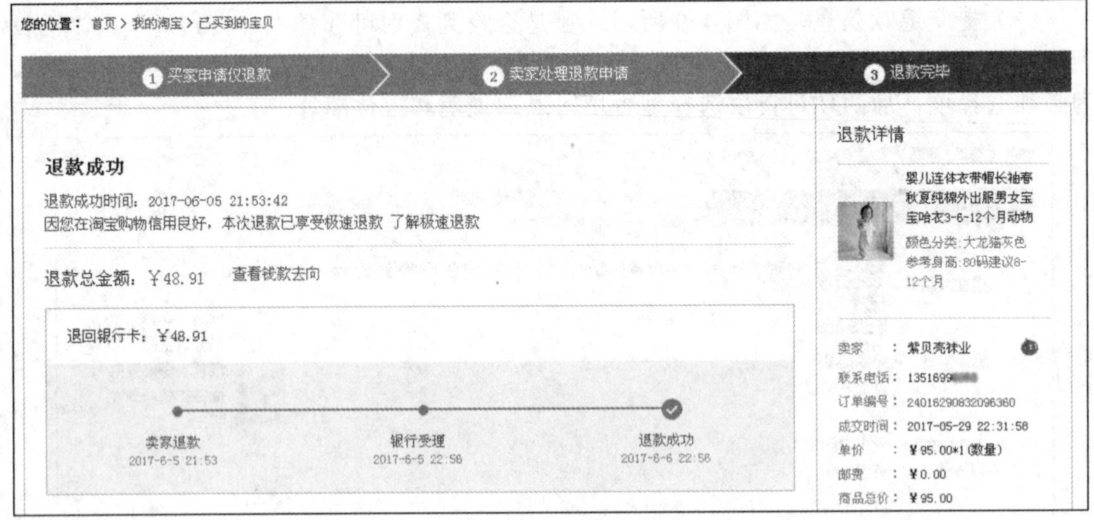

图 4-11 退款成功页面

2．学会申请“退货退款”的操作流程。

（1）在天猫首页，单击“我的淘宝”进入“已买到的宝贝”，找到需要申请退货退款的交易，单击页面上的“退款/退货”。

（2）选择申请的服务类型。在出现的页面中选择“退货退款”，出现如图 4-12 所示的页面。

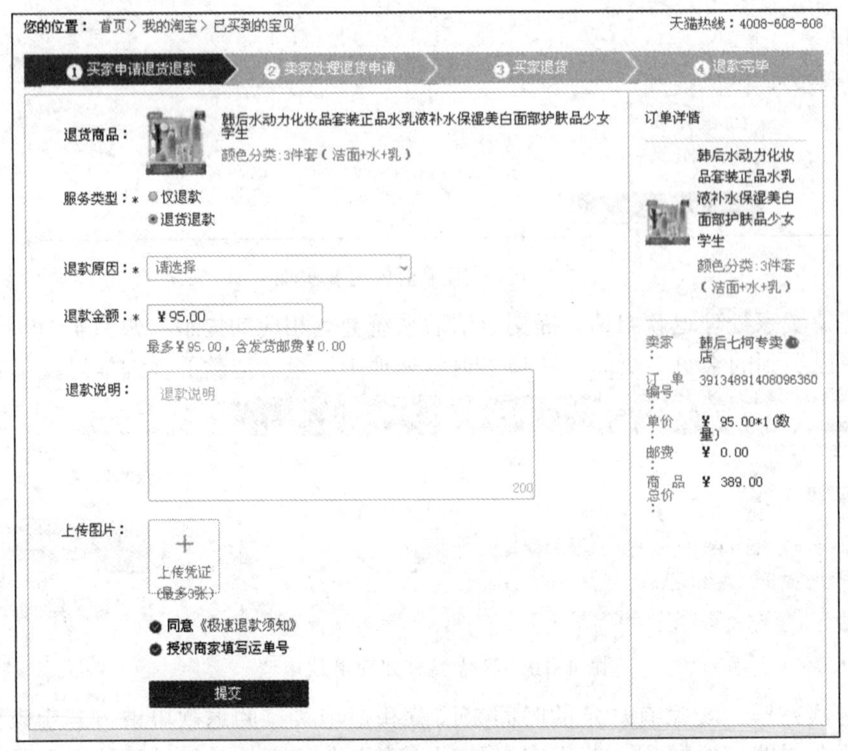

图 4-12 买家申请退货退款页面一

与“仅退款”不同的是，系统默认选择“同意《急速退款须知》”和“授权商家填写运单号”。

（3）卖家处理退货申请。若在申请退货款页面的退款原因处选择了“七天无理由退换货”，单击提交后会出现如图 4-13 所示的页面，页面上会出现卖家的退货地址。

图 4-13　买家申请退货退款页面二

（4）买家退货。买家单击图 4-13 中的“填写退货物流单号”，出现如图 4-14 所示的页面，填写物流公司、物流单号、联系电话等信息，单击“提交”按钮。

图 4-14　买家退货信息输入页面

（5）退款完毕。退货信息提交成功后，买家可等待卖家收到货物后进行确认。按平台规定的时间，如果卖家逾期没有处理，系统会自动退款给买家。

二、熟悉天猫退款的相关规则

登录“天猫”首页，将鼠标移至网页右侧滚动条处，单击滚动条拖至网页最下方，在“天猫保障”中单击“售后规则”，认真阅读有关退款的规则，然后完成下列内容。

1. 学会制订天猫维权处理方案，掌握天猫维权处理操作方法。如您遇到收到货物有质量问题、付款后没有收到货或是与描述不一致等问题，如何对该交易发起维权，请完成表 4-5 的填写。

表 4-5　天猫维权处理及操作方法

交易状态	处理方案	操作方法
买家已付款		
卖家已发货		
交易成功		
交易关闭		

2. 熟悉不同情况下天猫退款或退货时买家获得的权益。不同情况下在天猫退款或退货买家获得权益不同，请收集信息完成表 4-6 的填写。

表 4-6　买家获得的权益

项　目	申请条件	申请类型	买家获得权益
退款或退货	交易状态为“买家已付款”	未按约定时间发货	
		缺货	
	交易状态为“卖家已发货”	收到的商品破损	
		收到的商品不符	
		商品错发/漏发	
		收到假货	
		商品质量问题	
		未按约定时间发货	

知识链接

一、退款的原因

客服了解退款的原因，对处理退款有很大的帮助。不同的退款原因有不同的处理方法，例如，卖家未按约定时间发货和缺货，同意退款之后不仅要全额退款给买家，还需要赔付货款的 30%、不高于 500 元的违约金给买家，因此客服一定要熟记各类退款原因，在做退款处理时一定要小心谨慎。

通常，退款分为未发货状态下的退款和已发货状态下的退款，常见的原因见表 4-7。

表 4-7　常见的退款原因

<table>
<tr><th>交易状态</th><th colspan="2">退款的具体原因</th></tr>
<tr><td>未发货</td><td colspan="2">①协商一致退款。②缺货。③拍错了/订单信息有误。④不想要了。⑤未按约定时间发货（72 小时内未发货才会显示此退款原因）</td></tr>
<tr><td rowspan="2">已发货</td><td>选择：退货退款</td><td>①七天无理由退换货。②收到假货。③退运费。④收到商品破损。⑤协商一致退款。⑥商品错发/漏发。⑦商品需要维修。⑧发票问题。⑨收到商品与描述不符。⑩商品质量问题。⑪未按约定时间发货</td></tr>
<tr><td>选择：仅退款</td><td>①退运费。②收到商品破损。③协商一致退款。④商品错发/漏发。⑤商品需要维修。⑥发票问题。⑦收到商品与描述不符。⑧商品质量问题。⑨未收到货。⑩未按约定时间发货</td></tr>
</table>

二、退款处理的方式

（1）直接退款。当买家刚刚提交了订单，付了款，货物没有发出，然后发现信息填写错误或者不想要了。此时买家只要告诉卖家需要退款、未收到货，然后找到已买到的宝贝单击“退款”按钮即可。

（2）快递返回后退款。当买家已经付款，货物已经发出，这个时候买家不想要了，这种情况下，如果快递员电话通知买家货已到，买家需要在电话里告诉快递员你不想要了，拒绝签收，然后由快递公司将快递退回。之后买家与卖家协商，告诉卖家你不想要了。通常等快件退回卖家，再申请退款。

（3）补偿性退款。如果买家已经签收，此时发现货物不满意，买家可以和卖家协商，说明情况。如果确实存在磨损或者质量问题，买家可以让卖家给予补偿，通常会返一部分钱给客户。

（4）退货后退款。如果是买家已经签收，确实需要退货，买家可先申请退款，然后按卖家要求将快递寄回，卖家收到货物后会进行退款。通常，卖家会告诉你收件人、地址和联系方式，买家要自付运费，如果有运险费的话，保险会补偿买家一部分运费。在寄回的快件中记得按卖家要求在小纸条上写明买家的旺旺名和一些信息。

实际上在买家付款、卖家没有发货时，买家申请退款可以看到钱很快地退回到支付宝或直接退回银行卡中。其他情况需要一定的时间，所以建议网络购物时谨慎些，不要经常退货、退款。信用好的买家在一些时候可以享受“极速退款”待遇。

小经验

极速退款是天猫和淘宝网为交易诚信记录良好的会员提供的优质服务，目的是让在网上交易诚信记录良好的会员享受到尊贵的退款服务，快速拿到钱款，减少退款的等待时长。极速退款目前适用于“已收到货，需要退货”的退款申请，当买家提交退货信息后，天猫和淘宝网会替卖家将款项先行垫付给买家，买家可以在自己的支付宝账户中查看到这笔钱，且可以正常提现和使用。

三、不同情况下的退款处理

退款处理一般分为三种情况：未收到货；已收到货且无须退货；已收到货且退货。下面以莫畏天猫旗舰店为例，分三种情况分别介绍退款处理，见表 4-8～表 4-10。

表 4-8　未收到货（天猫）退款处理

退款理由	天猫官方解释	交易情况判断	处理方法
协商一致退款	与卖家已经通过交流沟通达成一致进行退款	买家拍下后反悔，不购买了，未发货	给予退款
		买家拍下后反悔，不购买了，已发货	通知快递退回，扣除运费后给买家退款
未按约定时间发货	卖家未及时发货，单方面违约	卖家发货超过 48 小时	由客服给客户打电话道歉，送给客户一个价值 10 元的赠品，请客户将退款理由修改成“协商一致退款”
		卖家发货没有超过 48 小时	由客服给客户打电话说明，请客户将退款理由修改成“协商一致退款”
虚假发货	由于卖家虚假发货，当卖家同意退款后，您还可以额外获得商品价格的 30%（不大于 500 元）赔付金	卖家真实发货	提供快递单据的照片
		卖家填错单号	提供快递单据的照片，留言说明原因。由客服给客户打电话说明，请客户将退款理由修改成“协商一致退款”
其他	请您在退款说明处如实填写退款情况	买家拍下后反悔，不购买了，未发货	给予退款
		买家拍下后反悔，不购买了，已发货	通知快递退回，扣除运费后给买家退款

表 4-9　已收到货且无须退货（天猫）退款处理

退款理由	天猫官方解释	交易情况判断	处理方法
商品质量问题	您购买的是消保“如实描述”商品，当您确认是卖家的责任所导致的商品质量问题，如果卖家拒绝退款，淘宝将提供优先赔付保障服务	产品质量问题	请客户从多个角度拍摄商品存在质量问题部分的局部细节照片 3 张，发给客服交由公司品质管理部门查看，限制 3 个小时内给予明确答复。如果是产品质量和瑕疵问题，给予客户该产品价格 20%～50%的现金返还作为补偿
		色差或者客户主观意识	给予客户该产品价格 20%的现金返还作为补偿。如果客户同意接受该产品，为表示我公司的诚意，先支付现金，然后诚恳地请求客户给予 5 分好评
收到的商品不符	您购买的是消保“如实描述”商品，当您收到的实物与网上描述不符，或者卖家发错货、漏发货等，如果卖家拒绝退款，淘宝将提供先行赔付保障服务	发错货	协商一致，根据商品实际价格差，给予退款
		漏发货	给予退款或补发
退运费	退还购买时多支付的运费	购买时多支付了运费	给予退款
发票问题	发票没收到	在包裹中	提醒客户查找
		遗漏发票	给客户补发
			给客户退 6%的货款
其他	请您在退款说明处如实填写退款情况	特殊情况	客服经理具体判断

表 4-10 已收到货且退货（天猫）退款处理

退款理由	天猫官方解释	交易情况判断	处理方法
七天无理由退换货	在您收到货物后七天内，由于不喜欢、不想要等主观原因且符合七天无理由退换货条件下提出退换货。如果是因质量原因退款，请选择“质量原因”（非商品质量问题的运费处理：商家包邮产品由双方分别承担各自发货运费；非商家包邮产品所有邮费均由买家承担）	客户愿意承担运费退货	给予退货，收到包裹后检查通过，给予退款
商品质量问题	您购买的是消保“如实描述”商品，当您确认是卖家的责任所导致的商品质量问题，如果卖家拒绝退款，淘宝将提供先行赔付保障服务	产品质量问题	确定属于商品质量问题后，请客户将要求修改成“退货退款”，由卖方承担运费，给予客户退货、退款 如果是运输中的破损问题，卖方承担所有运费，给予客户退货、退款，并给予客户 10 元补偿费，由物流发货部门和物流公司进行问题包裹处理 说明：运费一般由客户先行垫付，卖方收货后打款给客户，购买了运费险的，理赔公司审核后打款给客户支付宝
		色差或者客户主观意识	给予退货，收到包裹后检查通过，给予退款
收到的商品不符	您购买的是消保“如实描述”商品，当您收到的实物与网上描述不符，或者卖家发错货、漏发货等，如果卖家拒绝退款，淘宝将提供先行赔付保障服务	商品不符	给予客户该产品价格 20%～50%的现金返还作为补偿。如果客户同意接受该产品，为表示我公司的诚意，先支付现金，然后诚恳地请求客户给予 5 分好评。如果客户不同意接受该产品，由我方承担该产品所产生的所有运费，给予客户退货、退款

四、退款处理的技巧

退款处理要小心谨慎。退款有时需要客服和客户进行电话沟通，它比一般情况下的客服沟通更有难度，对客服的专业水平要求更高。一般大的店铺有退款专员进行退款处理，退款专员需要具备一定的售后处理技能。一般情况下，经历过退款专员这一岗位的客服被提拔的机会更大。

网店退款的处理技巧主要有以下几个方面：

1. 与客户进行客观沟通

客户选择不同的退款原因，网站对卖家有不同的约束与处罚，因此客服要进行退款处理首先要了解每一项退款原因的含义及对店铺的影响。如一项“缺货”的退款申请源于一笔 30.5 元的衣服，如果客服知道这笔退款会遭受 9 元钱的赔付，就会权衡到底应该使用哪种处理方式，是应该直接把款退给客户呢，还是让客户帮忙修改退款申请，然后赠送客户礼物或者是打款××元补偿给客户。又如，客服被客户一个很头疼的问题纠缠了三天三夜，最后经协商达成一致赔付 50 元，但因为打款需要客户先确认收货，才可打款，但客户不同意，这时客服就可以让客户申请退款，选择“仅退款”（不退货），退款原因选择“退运费”，金额填写“50”，最后把款退给客户即可。在该次退款中对店铺并没有造成影响，也没有得罪客户。所以一定要巧用退款原因来化解售后问题。

因此，客服必须先了解退款会造成的影响是什么，才能做出准确的应对方案，并在与客户进行沟通时引导客户做出恰当退款方式的选择，必要的时候可以动之以情，晓之以理，得到客户的理解，圆满解决问题。

2．与客户进行情感交流

和客户的沟通交流可以采用旺旺、电话沟通，此处的技巧和应对投诉纠纷的技巧大同小异，将在后文应对投诉纠纷中详细讲述，此处不做过多介绍。

退款处理在旺旺上进行回复，当客户抛出一个问题的时候，还能容许你在一定时间内进行思考，但如果是利用电话进行沟通，客户抛一个问题出来，需要客服快速回复，客服一个温柔的声音、一声欢快的笑语、一句句“甜言蜜语”可让客户产生的“好感”，胜于冰冷键盘敲出的毫无情感的语句。因此退款处理一般选择电话沟通的方式。

3．与客户进行协商谈判

退款时客服给客户一个好的处理方案后还不能解决问题，另外一项更为重要的事情就是需要和客户不断地协商谈判。你有再好的方案都必须要让客户认同，才会与你达成一致。因此，良好的谈判技巧是客服一项需要修行的重要任务，不是有了话术就能让你应对自如。客服需要动脑子，需要用心，需要有责任感，才能打动客户。当客户提出一个疑问，你不能很快答复的时候，这次协商可能就以失败告终了，所以在谈判中随机应变是必然需要具备的一项技能。

总之，客服在处理退款时首先要了解客户退款的真实原因，要注意与客户进行情感沟通，并懂得随机应变。

任务评价

结合理论知识学习和任务实施的具体过程，将操作内容记录在表 4-11 中，并对完成效果进行评价。

要求：表 4-11 列出的 3 个知识点，第 1、2 个知识点要求有一定的了解，第 3 个知识点是要求掌握的内容；2 个技能点重在熟悉天猫退款的流程。

表 4-11　处理退款知识与技能评价表

项　目	内　容	简要介绍	评　价				
			很好	好	一般	差	很差
知识	常见退款原因						
	处理退款方式						
	退款技巧						
技能	天猫退款的流程						
	天猫退款的规则						

任务三　应对投诉纠纷

情景导入

因未收到商品、收到的商品与描述不相符等产生争议、引发纠纷是很难完全避免的，张婷明白这个道理，所以张婷继续以客服的身份查看、收集天猫投诉处理的相关规则和处理方法，通过了解投诉处理的相关规则和处理方法，便于以后更好地应对和处理争议问题。

情景分析

张婷要查看、收集天猫投诉处理的相关规则和处理方法，可进入天猫官网，重点是熟悉争议处理的相关规则，便于以后出现争议、产生纠纷能够及时应对处理。

任务实施

任务实施导航结构图：

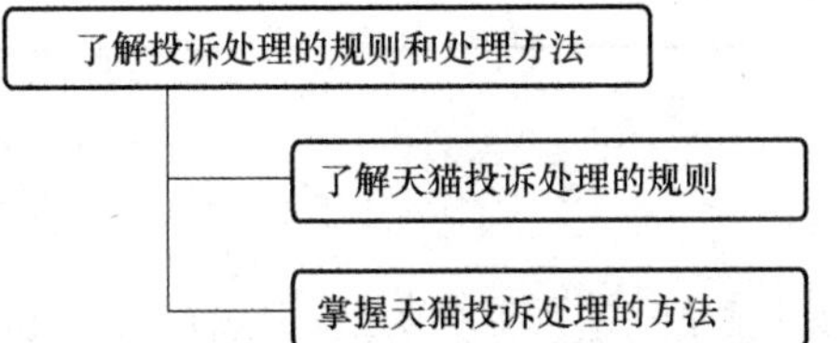

本环节以天猫为例，进行天猫投诉处理规则和处理方法的介绍。

一、了解天猫投诉处理的规则

1．查看“天猫规则”中关于“违规管理”的内容。登录“天猫”首页，将鼠标移至网页右侧滚动条处，单击滚动条拖至网页最下方，在“商家服务”中单击“天猫规则”→“基础规则”→“违规管理”，认真查看“天猫规则”的内容，特别是对于违规问题的投诉处理。

2．完成“天猫规则”中关于“违规管理”内容的填写。

（1）用户的违规行为，通过淘宝会员、______________________或淘宝排查发现。

（2）对违规行为的投诉，除发布禁售信息、滥发信息、虚假交易、不当注册、发布违禁信息____可随时提交投诉外，其余须在以下规定时间内进行投诉；未在规定时间内投诉的，不予受理。例如，违背承诺的投诉时间为交易关闭后____天内；描述不符（类目有特殊规定的除外）、骗取他人财物的投诉时间为交易成功后____天内。

（3）对延迟发货、违背承诺及恶意评价的违规行为，被投诉人须在被投诉之日起_____天内提交证据。逾期未提交证据的，淘宝有权根据____________________进行判断与处理。对其余违规行为的判断与处理，淘宝在收到投诉后立即进行。

（4）商家自行做出的承诺或说明与本规则相悖的，______________________。除______________，对违规行为的处理不中止、不撤销。

二、掌握天猫投诉处理的方法

提示：进入“天猫帮助中心”→“商家帮助”→“交易”→“退款/售后”网页，查看相关信息，或利用其他方式收集信息，完成表 4-12 的填写。

表 4-12 天猫卖家处理客户投诉的方法及建议

买家申请售后服务类型	责 任 方	处理方法及建议
仅退款	卖家	
	买家	
退货退款	卖家	
	买家	
换货	卖家	
	买家	

小经验

遇到交易纠纷，解决方法主要有：①买卖双方自行协商解决。②要求天猫客服介入处理。③通过司法途径等其他方式解决。

如果买家“申请售后”，卖家就需要根据实际情况进行处理。如果确实属于卖家责任，客服就应当积极联系买家撤诉，如果强行不予满足客户的合理要求，天猫工作人员会根据情况进行强制退款或给予卖家不同程度的处分。对于网店卖家，因为一次交易而换取一定的处分是非常不值得的。如果责任确实属于买家，卖家可以向天猫工作人员提供有力的证据来说明自己的理由。只要证据充分，天猫工作人员会正确处理。

如买卖双方未协商一致，买方可以在商家拒绝退款申请后单击“申请客服介入”，具体操作步骤为：登录天猫首页，在“我的淘宝”→“已买到的宝贝”中找到对应的退款订单，单击“退款被拒绝”→“申请介入”，如图 4-15、图 4-16 所示。

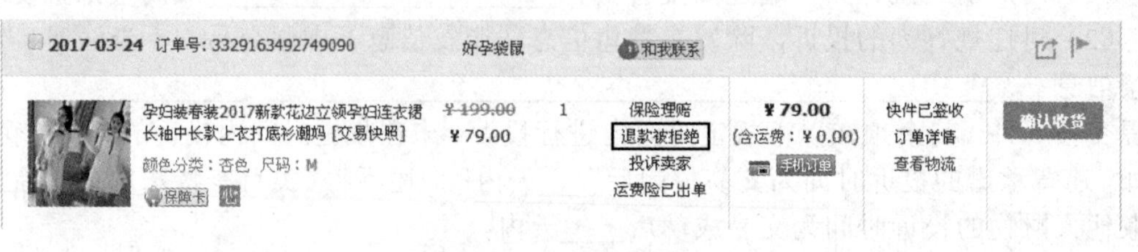

图 4-15 退款被拒绝

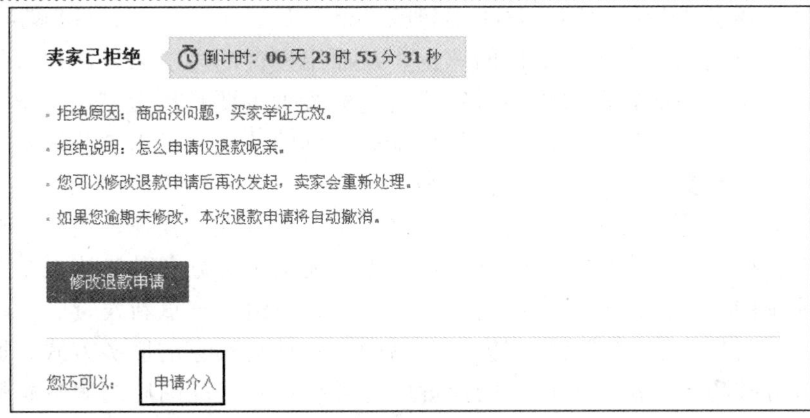

图 4-16　申请客服介入

在此期间，天猫会建议买家积极联系卖家友好沟通协商，小二一般会在4～6个工作日内跟进处理。

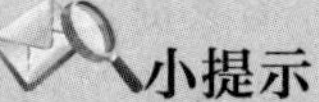
小提示

天猫投诉维权查看路径主要包括：

（1）发起的维权：登录到“我的淘宝”→“退款维权”→“售后管理”→“天猫售后服务记录”查看。

（2）收到的投诉：登录到“卖家中心”→“客户服务”→“售后管理”→“天猫售后服务记录”查看。

知识链接

一、正确认识客户投诉

1. 投诉的含义

投诉是客户向商品和服务提供商表达心中不满，并提出打折、退货、换货、索赔、道歉等权益主张的行为。

2. 投诉的主要原因

网络购物客户投诉的原因有很多，可能是商品的质量存在问题，也可能是客户个人原因，又或许是卖家发货不及时、商品在运送过程中出现问题等。客服只有了解客户投诉的真实原因，站在客户的立场去想问题，才能处理好问题。概括起来，客户投诉的主要原因一般有几类，如图 4-17 所示。

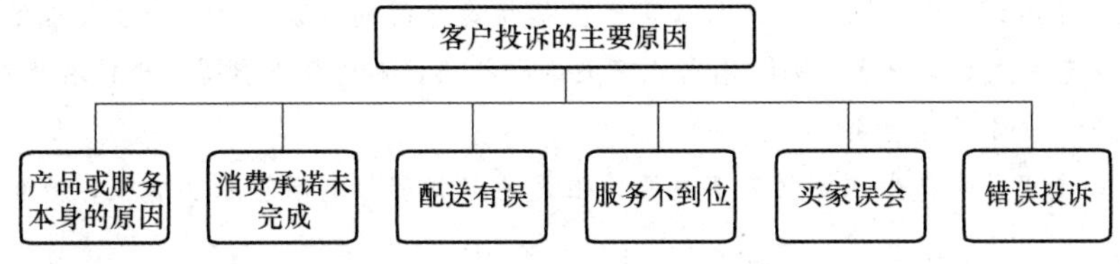

图 4-17　客户投诉的主要原因

（1）产品或服务本身的原因。这主要包括产品质量、生产日期、保质期、色差、大小偏差等，让客户无法产生物有所值的感觉，从而用投诉的办法来发泄内心的郁闷。

（2）消费承诺未完成。消费承诺未完成引起的投诉主要是指卖家在出售商品时，给客户口头承诺一些产品没有的性能、产品根本达不到的性能或承诺一些根本无法实施的服务，致使客户发现受骗而产生的投诉行为。

（3）配送有误。这主要是指货物在运输过程中产生延误、损坏、丢失等情况，影响客户对产品的使用。这是最麻烦的一种投诉，因为配送是通过各种物流系统来实现的，是卖家无法控制的，也是最不好解决的，卖家往往只能给客户重新发货。

（4）服务不到位。这主要是指双方在交易中客户针对卖家的服务方式、服务态度、服务质量、服务技巧等不满意而产生的投诉。这类投诉对提高网店的服务质量，提高店主的经营理念是大有好处的。

（5）客户误会。有时因买卖双方对某些方面理解不一致，对某些事情衡量尺度不一致或客户理解错误产生投诉。

（6）错误投诉。卖家并无过错，只是由于客户自身修养或个性原因，对卖家提出了过高或无理要求，这些要求卖家根本无法满足。这些客户往往比较较真，他们认为花了钱自己的要求就应该得到满足，不管这种要求在别人看来是否合理，这时往往容易产生投诉。

小案例

2017 年 8 月的第一个星期日杭州莫畏实业有限公司客服部迎来了一位特殊的客人，事情是这样的：

向先生购买了店里的白衬衫，收到之后发现衣服与他想要的有所偏差，于是前来与客服理论。向先生表示白衬衫与页面描述不相符，因为页面上的白衬衫胸前是有褶皱的修身款，但是他收到的白衬衫胸前没有褶皱。客服认为这位先生很挑剔，可以说是无理取闹，穿起来哪有区别呢？于是和向先生争执了起来。客服一再表示，其实衣服是没有区别的，没有褶皱也是一样好看的。向先生在和客服理论没有结果的情况下，选择了投诉“与页面描述不符”这项罪名。

此项罪名可大可小，重则扣分、删宝贝链接，于是引起了客服组的恐慌。接连三天电话联系向先生，好话说尽，于事无补。向先生要么选择不接听电话，要么一接听便是重复那句：“我就要那件胸前有褶皱的白衬衫，其他的啥也别说了。”

其实客服组给向先生的“报答”还是相当不错的，如免费送衣服、送礼物、折扣优惠等，但是很可惜，向先生不为所动。售后组组长哭着喊着求他，就差没登门拜访了。

第四天清晨，换了一名售后客服联系向先生，她在表示歉意后又进行了仔细的询问，了解了向先生的真实想法，然后告诉向先生可以找到一件白色有褶皱的衬衫给他，和页面上的一模一样。最后向先生收到了衣服，专门打电话回来给这位售后客服，感谢她，并将投诉撤销。

客服组最终了解到，向先生其实是帮公司购置模特走秀用的衣服，公司强烈要求他购买这样的衣服，但是他没有完成公司任务，所以才出此下策进行投诉，他只希望能得到那件有褶皱的白衬衫，完成公司的使命，并非有意为难。

在以后的日子里，向先生依然常来买衣服，但是他只找那位售后客服买衣服，他相信她的办事能力。

大家是否很好奇，为什么有和页面上一模一样的衣服，但是公司发出去的却和页面上不一样？其实简单来说，和页面上一模一样的那是模特穿的样衣，成品衣服是和页面不一样的。那位售后客服花了两个多小时和公司拍摄组交涉，让拍摄组把以前模特穿过的衣服拿来，重新整烫挂好吊牌，包装好，才给向先生寄过去的。仅此一件，因为客服知道客户心里真正在想什么，所以她懂得从哪里下手去解决这件事情，后来这位售后客服成为了客服经理。

案例评价：在前三天的联系过程中，客服每次总是不停地告诉向先生这衣服有无褶皱没大碍的，不影响穿着，若向先生帮忙撤销将如何如何报答等，没有从根本上解决向先生的需求。客服的处理过程其实就是一个沟通谈判过程，不单单要懂得用招，还要找出投诉的原因并进行分析。

二、处理客户投诉的步骤和技巧

投诉纠纷的处理不单纯是一个接待客户的过程，更是一个与客户沟通交流的过程，需要掌握一定的步骤和技巧。

1. 处理客户投诉的步骤

客服在处理客户投诉的时候，要按照一定的先后顺序才能对症下药。对客户投诉的处理主要有以下五个步骤：

（1）针对问题，晓之以理，动之以情。

（2）给出解决该问题的方案。比如货品缺货了，可以以成本价让客户换货。

（3）提出相应的补偿措施。比如未按约定时间发货，那么你是否应该给予客户等待的补偿。

（4）用心和客户交流。客服要换位思考，站在客户的角度思考问题更容易、更利于投诉的处理，进而使投诉客户转化为忠实客户。

（5）收尾。这一步至关重要，所有问题都解决了，在最后一步一定要完美收官，否则之前所为将毫无意义。

以上处理投诉的步骤属于一般流程，换言之是属于顺利的处理流程，但在实际工作中，投诉通常不可能按你的流程顺利进行，有时候会偏离它的轨道，客服在处理投诉时不能一味地按流程走，要随机应变，灵活处理。

小案例

售后客服小笑接待了一位毛衣机洗缩水的脾气暴躁的女客户，经过两天的交流，客户同意小笑提出的货品50%的补偿，也与小笑有了一定的情感，但在最后协商如何支付这50%补偿的时候又起了争执，客户要求小笑先将补偿金打款到她的支付宝，但是小笑担心客户收到补偿后继续投诉，于是要求客户先确认收货才打款，客户不同意。于是因为打款方式纠缠了一天时间，到最后还是把客户逼到了去投诉的一步。

案例评价：完美收官是非常重要的一个步骤，不容小觑，以上案例值得深思，其实打款有很多种方式，可以让客户在页面上申请退还指定的差额，再确认收货，但是小笑并没有想到这一方法，导致之前两天的辛苦都白费了。

2．处理客户投诉的技巧

当网店的信用和规模达到了一定的程度后，交易量会大大增加，买家的投诉必然也会增加。在处理客户投诉的过程中，态度是非常关键的。处理客户投诉的技巧如图4-18所示。

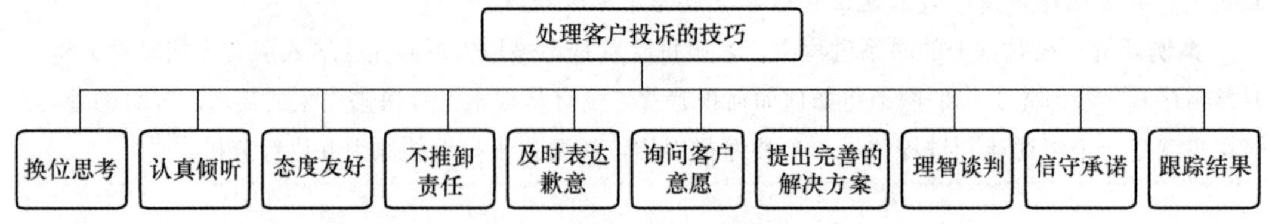

图4-18　处理客户投诉的技巧

（1）换位思考。理解是化解矛盾的良药，客服一定要学会换位思考，站在客户的角度看待问题。不管问题出在什么地方，都要先真诚地向客户道歉，千万不要试图去反驳客户，也不要指责客户，要尊重他并让他发泄，等客户平静下来后他可能会觉得行为不妥，甚至会向你道歉。

（2）认真倾听。客户投诉的时候肯定会有很多怨气。处理投诉，客服首先要处理的是客户的心情，认真地倾听会让客户心情平静下来，也会让你了解客户的真正意图。要耐心地倾听客户的抱怨，不要轻易地打断客户的叙述，更不要批评客户的不足，应该让他们尽情宣泄心中的不满。你只需要闭口不言、仔细聆听。当然，不要让客户觉得你在敷衍他。当客服耐心地听完了客户的倾诉与抱怨，客户得到了发泄的满足之后，就能够比较自然地听卖家的解释和道歉了。认真倾听有助于了解客户的真实想法，了解他投诉真正要达到的目的，这既是对客户的安慰，也有助于客服本人了解真相，解决问题。

（3）态度友好。客户抱怨或投诉的原因一般是对产品及服务不满意。从心理上来说，他们会觉得卖家亏待了他们。因此，如果客服在处理过程中态度不友好，会让客户的情绪很差，会恶化与客户之间的关系。反之，如果客服态度诚恳，礼貌热情，会降低客户的抵触心理。

（4）不推卸责任。接到客户投诉时，不管是何种原因引起的投诉，客服首先要向客户真诚道歉，承认自己的不足，然后双方再交流投诉产生的原因。此时切不可推卸责任，把一切过错都推到客户身上，在你把责任推出去的时候就意味着你把客户也一块推出去了。

（5）及时表达歉意。即使卖家没有错或只是一个误会，客服也不妨礼貌地给客户道个歉。道歉并不意味着做错了什么，重要的是向客户表达卖家的态度。尽量用委婉的语言与客户沟通，即使是客户存在不合理的地方，也不要过于冲动，否则会激化矛盾，使客户失望并很快离开。

（6）询问客户意愿。客服不要试图以自己的意愿来解决问题，也不要把以前解决同类投诉的经验照搬过来。每个客户希望的解决方案可能都是不一样的，有时客户也许只想听到真诚的道歉和改进工作的保证，而不是经济方面的补偿，询问清楚客户的意愿，才能真正做到让客户满意。

（7）提出完善的解决方案。客户的所有投诉、抱怨归根到底是要求解决问题。因此，客户抱怨或投诉之后往往希望得到补偿。这种补偿有可能是物质上的，如更换产品、退货或赠送产品等，也可能是精神上的，如道歉等。有时是物质及精神补偿同时进行，多一点补偿，让客户得到额外的收获，他们会理解卖家的诚意，下次还会再来光顾的。

（8）理智谈判。客服在与客户进行交流时一定要向客户展示自己的诚意和信心。当然，让客户满意并不代表着要一味退让和全盘接受客户的方案。交谈的结果应该是双方在理智的范围内达成一致。

（9）信守承诺。解决方案达成后，落实工作一定要及时到位，越早处理客户的满意程度就越高。如果迟迟不肯落实，会加重客户的不满情绪，引发新的投诉。信守承诺的好处主要有：①可以让客户感觉到尊重。②表示卖家解决问题的诚意。③可以及时防止客户的负面宣传造成更大的损失。

（10）跟踪结果。客户投诉问题解决后的一定时间内客服要对客户进行回访，了解客户对解决方案的满意程度，同时增加客户的信任度，使之成为店铺的忠实客户。

客户投诉都是抱着某一种目的或某一种情绪出现的，因此售后客服在处理客户投诉的全过程中要有一颗包容之心，要能理解客户，要有耐心地去为客户解决问题。

小案例

2017 年 7 月 26 日，客服聪慧收到了一个“未按约定时间发货”的投诉。客户李先生三天前购买了一件 1299 元的纯羊毛大衣，但由于仓库系统漏单没能及时将货品发出，导致李先生的不满，于是申请了投诉。该笔投诉，店铺需要赔付 300 元的违约金，李先生可以得到 30000 的积分赔偿。面对此投诉，聪慧连着两天电话联系李先生，晓之以理动之以情，但是李先生均不为所动。

第三天，客服小容出马，她选择在下午 4:30 给李先生拨电话。小容是刚来公司不久的大学毕业生，她按照正常流程给李先生打电话，李先生还是一样不为所动，在李先生即将要挂断电话的时候，小容突然哭了起来，求着李先生帮忙撤销投诉，并将自己的真实情况和盘托出，告知李先生自己刚毕业不久来公司工作的，希望能有好的表现，这是她打的第一个售后电话，如表现不佳可能会被辞退，希望李先生能帮助她，又说到仓库炎热，因仓库占地面积大，不能安装空调，仓库的小伙伴们都是在炎热的环境下工作，不停地打包配货，难免会有出错漏单的情况……

经过半个多小时的“倾诉”，李先生挂断电话之后默默地撤销了投诉。后来了解到李先生今年刚满 50 岁，有个 20 岁出头的女儿在外地工作，小容和他女儿年龄差不多，于是动了恻隐之心，撤销了投诉。

案例评价：面对不同的投诉对象，客服要随机应变，用心与客户进行交流，争取得到客户的理解与谅解，让客户主动取消投诉。尽管小容达到了目的，但小容的做法存在不妥之处，不值得推广。

小经验

聪明的客服处理投诉：动脑子+流程。

用心的客服处理投诉：心+动脑子+流程。

聪明又用心的客服处理投诉：心+动脑子+流程+交朋友。

任务评价

结合理论知识学习和任务实施的具体过程，将操作内容记录在表 4-13 中，并对完成效果进行评价。

要求：表 4-13 列出的 3 个知识点和 2 个技能点是完成本任务必须掌握的。

表 4-13　应对投诉纠纷知识与技能评价表

项　目	内　容	简要介绍	评　价				
			很好	好	一般	差	很差
知识	客户投诉的一般原因						
	处理客户投诉的步骤						
	处理客户投诉的技巧						
技能	天猫投诉纠纷的规则						
	天猫投诉纠纷的方法						

任务四　管 理 评 价

情景导入

张婷在从事客服工作中，深刻地认识到客户给自己店铺的评价对于后来的客户购买影响很大，自己要通过努力化解客户的不满，化差评为好评。张婷想继续以客服的身份收集、查看客户评价的流程和评价管理的相关规则，今后工作中做客户的贴心人。

情景分析

张婷要收集、查看客户评价的流程和评价管理的相关规则，可进入天猫官方网站查询。

任务实施

任务实施导航结构图：

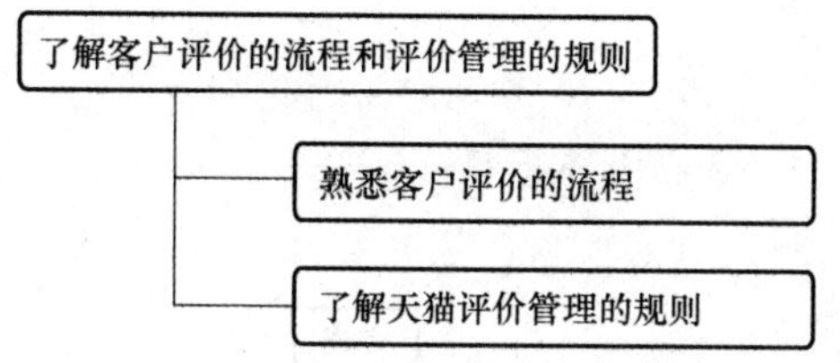

一、熟悉客户评价的流程

1. 登录淘宝网，查看“已经买到的宝贝”。登录淘宝网，输入账号、密码，单击“我的淘宝”下“已买到的宝贝”，如图 4-19 所示。

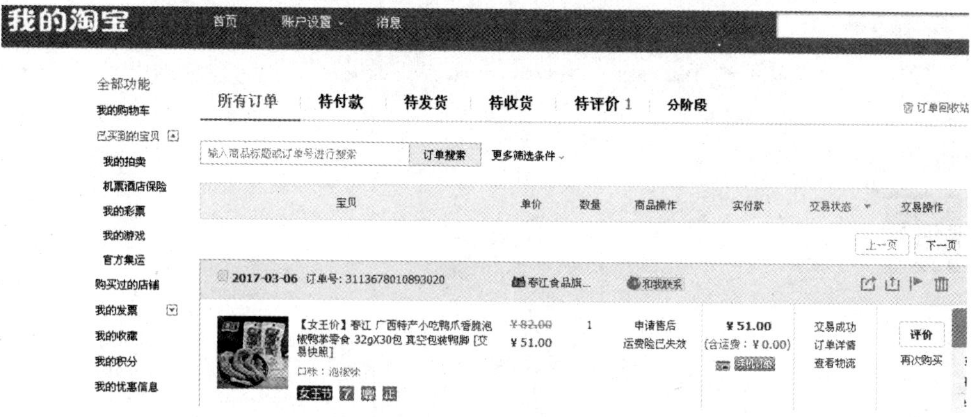

图 4-19 “已买到的宝贝”页面

2. 选择要评价的商品订单。在“已买到的宝贝”中，找到要评价的商品，单击“评价”，如图 4-20 所示。

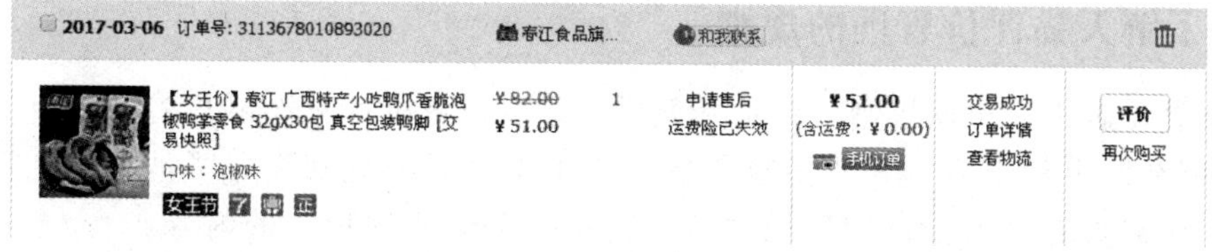

图 4-20 选择要评价的商品

3. 进行评价。按网页显示填写相关评价内容（见图 4-21），评价完毕单击“提交评论”按钮。

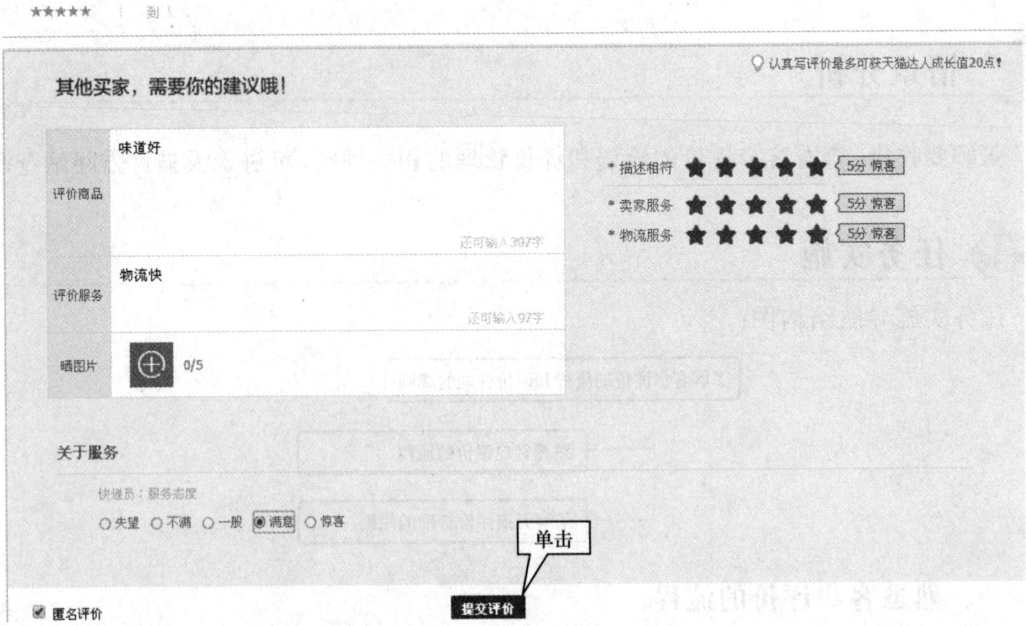

图 4-21　进行评价

4．完成评价。完成评价后，出现如图 4-22 所示的评价成功页面。

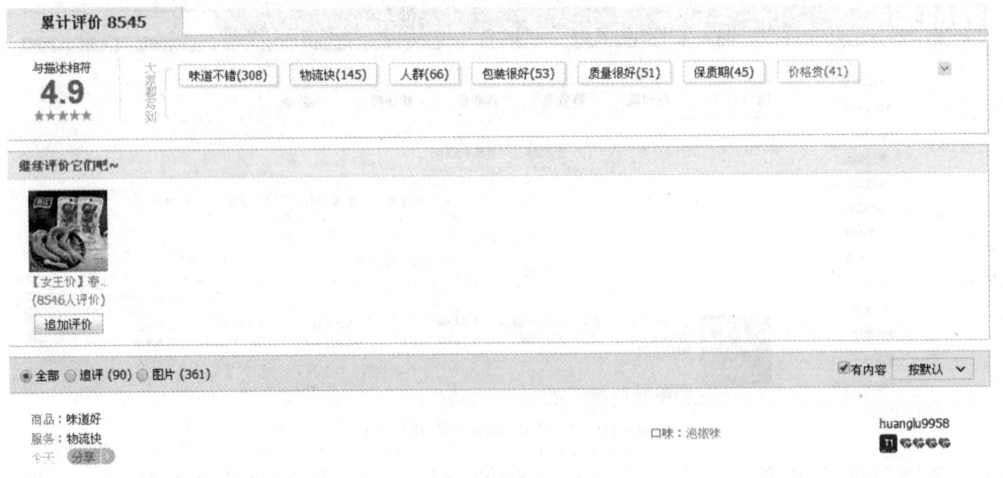

图 4-22　评价成功

二、了解天猫评价管理的规则

1．查看天猫评价管理规则。登录“天猫”首页，将鼠标移至网页右侧滚动条处，单击滚动条拖至网页最下方，在“商家服务”中单击“天猫规则”→“基础规则”→“违规管理”，认真查看“天猫规则”的内容，特别是关于“评价”的内容。

2．完成天猫评价管理相关问题的填写。

（1）为了确保评价体系的____________________，天猫将基于有限的技术手段，对违规交易评价、不当评价、恶意评价等破坏天猫评价体系、侵犯买家知情权的行为予以坚决打击。

（2）买卖双方有权基于真实的交易在支付宝交易成功后 15 天内进行相互评价。淘宝网评价包括________________________，天猫评价包括________________________，“评论内容”包括________________________。

（3）如果买家在交易成功的________天内未评分，则该笔交易不产生店铺评分。

（4）店铺评分由买家对商家做出，包括________________________三项。每项店铺评分均为动态指标，系此前连续 6 个月内所有评分的算术平均值。买家若完成________________对________________________，则买家信用积分增加一分。

（5）在 2016 年 1 月 1 日至 31 日中，买家 a 和卖家 b 共发生 4 笔交易，并对卖家进行 4 次店铺评分，则________________________分值不计入卖家的店铺评分中，理由是________________________。

（6）自交易成功之日起________日内，买家可在做出天猫店铺评分后追加评论，追加评论的内容不得修改，也不影响天猫商家的店铺评分。

（7）被评价人可在评价人做出评论内容和/或追评内容之时起的________日内做出解释。

（8）天猫有权删除或屏蔽评论内容中所包含的________________________的信息。同时，天猫将视情节严重程度，屏蔽该评价人后续一段时间内产生的评论内容；情节严重的，永久屏蔽其评论内容 。

（9）评价人被发现以给予负面评论等方式，________________________，天猫可删除该违规评价。

知识链接

一、交易评价

1. 评价的含义

评价通常是指对一件事或人物进行判断、分析后的结论。在电子商务交易活动中，评价是网络购物的最后一个环节，评价有助于提高买卖双方的信誉。

商品评价是指生产厂家、商家或者客户根据具体商品的性能、规格、材质、使用寿命、外观等商品的内在价值设定一个可量化或定性的评价体系，由客户对商品使用价值进行评价的过程。

网上零售网站各项要素的专业水平都会直接影响客户的购买行为。目前大部分的电子商务网站都已经广泛地使用了商品评价系统，如亚马逊、淘宝、京东、苏宁易购等。

2. 评价的内容

网络购物不同于传统购物，很多客户在选购商品前，希望更多地了解商品和服务信息；购买商品后，也希望能够在评论里尽可能多地将商品的价值用文字、图片等表述出来。

评价的内容可以是多方面的，如客户可对商品是否与卖家描述的相符、卖家的服务态度、卖家的发货速度进行评价，卖家在客户评价后可针对客户评价进行说明、致谢等。当当网和淘宝网购后评价如图 4-23、图 4-24 所示。

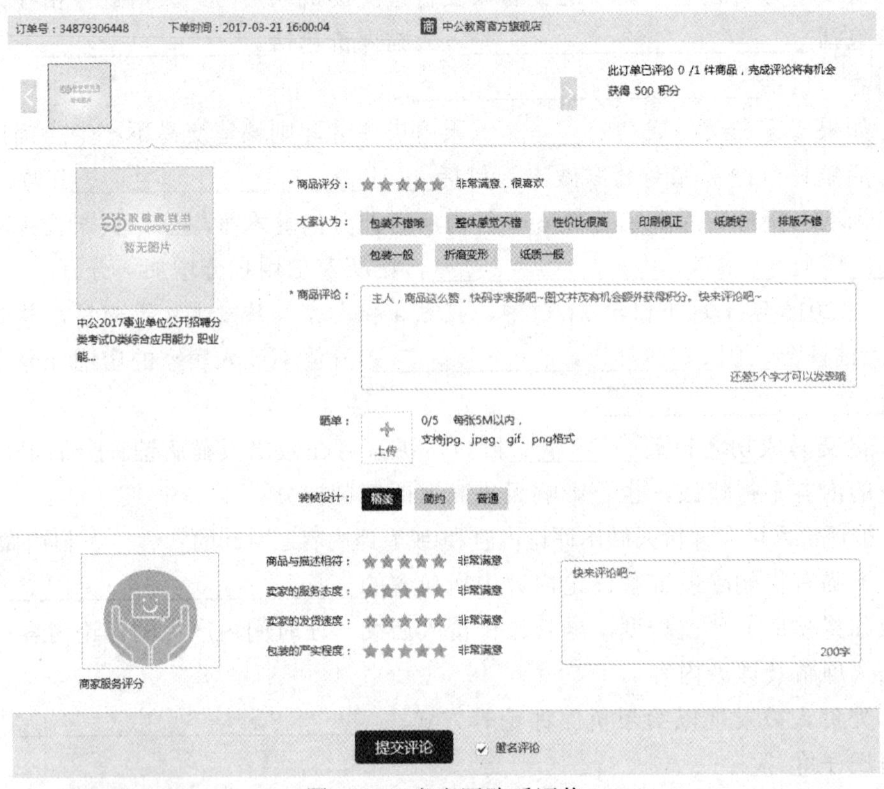

图 4-23 当当网购后评价

图 4-24 淘宝网购后评价

为了说明电子商务网站商品评论功能对客户购买决策的影响，某客户体验咨询公司的调查发现，超过85%的客户在网上研究或购买大件商品，如电子产品和汽车，63%的客户更倾向于到那些提供商品评级和评论功能的网站进行产品研究和购买。

客户的评价一方面受时间所限，另一方面也受知识面、个人偏好、理解能力等限制，不可能将自己在使用后的完整的商品价值都描述出来，因此只有专业的商品评价系统才能帮助客户实现对商品价值进行客观评价的美好愿望。目前大多数的电子商务网站转向与专业的商品评价系统提供商进行合作，从而为客户提供科学的评价体系。

小提示

数据造假

少数商家为提升销量或让自己的商品更加吸引客户，有时会找人进行刷单，并给予好评。刷单是一种数据造假的行为，由于评价不是来自于真正的客户，因此会失去它的客观性。这种造假行为是经不起检验的，客户可能会因此误导而购买商品，购后发现与描述不否，对商品不满意，可能会进行中差评或者投诉，从而影响店家的信誉。店家进行数据造假虽然可能得到了眼前利益，但必将损失长远利益，因此店家应拒绝数据造假，诚信经营。

二、评价管理

卖家评价是指卖家在订单交易完成，客户对交易做出评价后，对交易进行的相关评价。卖家对交易进行评价完成了评价管理的第一步，还应定期对客户的评价进行分析、汇总，获取对企业有用的信息，特别是要重视中差评，对其进行记录并分析，从而提出改善方案。

1. 评价管理的好处

网络购物是一个透明的平台，卖家对评价进行管理主要有以下好处：

（1）有利于提升店铺信用等级。卖家在商品销售过程中，除了考虑销售利润外，还应努力赚取每个客户的好评，以逐步提高自己网店的信用等级。

卖家信用和客户评价都客观真实地反映了卖家的历史交易情况，以及购买其商品的客户满意程度，便于其他客户在购买时作为参考。卖家信用等级的高低客观地反映了卖家的诚信度与商品的保障性。信用等级越高，也就越容易获取新客户的信任。

客户在购买商品时，即使卖家信用很高，也可能会因为一个差评而放弃购买，因为差评体现了卖家商品的某种不足，会严重降低客户的信任度。卖家需要本着每个交易都获得好评的心态来经营店铺，卖家应对评价进行管理，如好评进行感谢，中差评进行道歉与客观解释，只有这样才能使网店生意越做越大，购买人群越来越多。

综上，对评价进行管理，客观地反映了卖家的诚信度与商品的保障性，有利于提升店铺信用等级。

（2）可实现商家和客户的共赢。电子商务网站的商品评价可以说是口碑营销的一种形式。口碑营销的特点是人们对一种产品或服务的感受很好，主动将自己的感受和对产品、服务的态度传达给第三者，从而让其他人也了解这个产品或服务。网店中的商品评价是口碑营销的一个载体，以客户评价为载体引导消费是电子商务网站的命脉。认真对待评价管理，通过客户对商家的商品进行口碑宣传，反映商品的真实价值可实现商家和客户的共赢。

2. 评价管理的方法与技巧

网络平台不同，客户评价方式也不同，主要有以下两种：一是直接选择好评、中评、差评，二是用1～5分打分进行评价。一般来说，如果客户给予了好评或满分，那么说明对卖家的商品质量、服务态度、发货及物流等都比较满意；如果给予了中评或差评，就说明客户对商品质量、服务态度或者发货进度等方面不够满意。

卖家对评价进行管理的方法和技巧可从以下两方面进行：

（1）努力提升店铺好评率。

1）获得好评原因分析。客户网上购物，给予好评主要是基于以下几个方面：

① 客户收到产品感到很满意，和在网上看到的基本一样。

② 客户购物体验比较好，是一次很愉快的购物过程。

③ 发货和物流都是很快的。

④ 完美的售后服务。

2）解决方案设计。

① 产品详情页和宝贝尽量做到相符，不要虚假宣传、夸大实际情况。

② 做好服务，客服热情负责地回答每个客户的咨询，保证发货产品质量。

③ 选择一个靠谱的物流公司，保证每一个包裹都完美快速地送到客户手中。

④ 做好售后服务。

（2）正确处理中差评。中评与差评所产生的影响并不仅仅是信用积分，在很大程度上影响着客户的信任程度。客服人员需要通过自己的努力，化解客户的不满，化中差评为好评。当然，对于恶意评价者，一定要维护自己的合法权益。

1）认真进行中差评原因分析。知道问题出在哪才能知道如何应对。一般来说，客户给予中差评，归纳起来主要有以下几个方面：

① 商品的问题：收到货时少了或破了、有色差、有气味、有线头、质量不好、怀疑不是正品等。

② 买家主观感受问题：觉得尺码不标准、买贵了、不想要了等。

③ 服务售后相关问题：售前售后态度反差大、回复不及时、退货退款达不成共识、物流速度慢等。

为避免中差评频繁出现，网店应先反省，在商品描述、售后服务方面积极改进，把工作做得细致入微，防患于未然。

小知识

职业差评师

职业差评师，顾名思义，就是靠给别人差评生活的人，是由淘宝网催生的新兴职业。淘宝上有很多恶意客户做起职业差评师，专门以给网店差评为手段索要网店钱财，甚至还出现多人合作的“团伙作案”现象。

2）用心制订中差评应对对策。出现中差评，客服必须要认真对待，积极开展善后处理工作，化解客户的不满。具体的中差评原因及对策见表 4-14。

表 4-14　中差评的原因及对策

原　因	对　策
质量问题、色差大、有气味、尺寸不合适、商品破损	宝贝描述要尽量具体详细，给出准确的尺码，图片拍摄要真实，声明可能有色差
物流太慢、快递服务差、快递员不文明、拒绝送货要自取	购物前给予温馨提示，逢年过节或恶劣天气造成的延误要及时通知客户适当延长收货时间，尽量采用客户满意的快递
客服回复慢、查件不给予积极配合，退款退货难	聘请有责任心的客服，设置好简洁得体的自动回复和常用的快捷用语。商品尽量能换则换，能退则退，以诚相待
觉得尺码不标准、贵了、易皮肤过敏等客户自身原因	在商品描述里面声明可能出现的情况以及应对方法并说明原因
特殊客户：新手、要求过高的客户	对新手客户，事前强调评价的重要性；对要求过高的客户，提醒谨慎购买
填错信息、忘记发赠品、没有按要求的快递发货	填写快递单的字迹要工整，反复检查打印的快递单，认真细致发货，客户的要求要谨记，出现差错要及时联系客户进行补救

3）掌握应对中差评的技巧。售后客服在与给予中差评客户进行沟通的过程中要掌握以下技巧：

① 真诚地表达歉意。出现中差评，电话沟通是最快、最有效的沟通方式。一般情况下，不管是什么原因，客服都要适时地跟客户真诚地道个歉，缓解一下客户的情绪，让客户心平气和地与客服沟通问题所在，然后寻求切实可行的解决方案。表达歉意要真诚，让客户感觉到对他的重视。客服要适当地延长道歉的时间，不要急于步入解决问题的环节，试着慢下来，直到客户能接受你的时候，差不多就成功了一半。例如：“我非常理解您的感受，如果我碰到这样的情况，我也会很生气。”或“很抱歉这次购物给您带来了不便，请您谅解哦。”

② 与客户一起分析出现中差评的原因。真诚地表达歉意后，就要和客户一起分析出现中差评的原因。客服可先耐心询问客户给出中差评的真实原因，如是质量不好还是款式不满意，或者是对客服不满意，对物流不满意。一定要让客户明白客服是用了心的。了解了客户的真实原因就要客观地帮客户进行分析。当客服与客户站在一起的时候，问题就好解决了。

③ 与客户共同商定解决问题。客户的中差评大多情况下是我们的产品或服务给客户带来了不便，所以需要一些额外的补偿，不管是补偿金钱、赠送礼品还是下次购买特别折扣优惠等。比如：“不好意思，是我们没有做好才导致出现这种情况，我真诚地向您道歉！真的对不起，给您带来了不便。那么请您考虑下，我们能为您做些什么呢？（您看我们能适当给您些补偿吗？）”客服通过询问等方式与客户共同商定解决问题，有利于将出现的问题尽快解决，并使客户重新满意。

④ 以温馨的道别进行收尾。以温馨的道别结束这次沟通，并顺便提出改评价的请求。如：“这个结果您还满意吗？”“感谢您的耐心，让我们能够为您解决这个问题。”“感谢您的理解和支持，希望有机会继续为您服务哦。”“可以麻烦您帮我们修改下评价吗？您的支持真的对我们很重要哦。”

⑤ 及时记录中差评等情况。客服要及时地把中差评处理过程记录下来，因为这些记录积累起来可以帮助客服发现其中规律性的东西，彻底完善存在的不足。记录内容一般包括：时间、客户 ID、购买产品及型号、中差评产生的原因、沟通过程、特别情况等。

⑥ 善用评价解释。虽然天猫不像淘宝店铺能筛选出中、差评，但是客户不好的评价也会影响到后期有购买欲望的客户。因此售后客服要及时对卖家后台的评价做出对应的解释，具体见表 4-15。

表 4-15 常见评价内容及对应的解释

序号	项目	对应解释
1	关于尺码	感谢亲对本店的惠顾：××品牌的尺码是统一标准的，相同的尺码不同的款式大小会略有不同，建议您下次购物时可事先参考我们的产品尺寸表，也可咨询售前旺旺，我们会细心为您服务的，祝您购物愉快
2	关于物流	因为快递的原因给您购物带来不便实在抱歉呢。我们会与快递公司进行协商，对您提到的问题予以改进。感谢您对××店的支持，本店期待下次能为您提供更优质的服务
3	关于包装损坏	因为包装问题给您购物带来不便实在抱歉呢。由于快递是通过中转到达目的地，有的地区中转比较多，包裹在途中多次挤压，导致到达您手中的时候包裹损坏。我们会对您提到的问题予以改进。本店期待下次能为您提供更优质的服务
4	关于正品	感谢亲对××店的支持。本店所有出售商品和实体店材质完全一样。支持专柜验货，假一罚十。您可以放心使用哦
5	关于质量	亲，本店所有商品均为品牌正品，支持专柜验货，假一罚十，请放心购买。如有质量问题，您可以拍照发给我们客服，核实属于质量问题，一定会对您负责到底的
6	关于好评	感谢您的惠顾及对我们宝贝的认可！请继续关注我们！您的支持是我们不断进步的动力。我们会不定期进行大型促销活动，您可以收藏一下我们网店哦

小经验

客服不可避免地会面对一种情况，就是口舌费尽也不能打动客户，不修改评价。这个时候，评价的解释是有充分必要的。商家常听有些资深客户会说，没有差评的宝贝，她们是不会买的，因为其中往往意味着虚假。

小知识

恶意差评

恶意评价，是指客户、同行竞争者等评价人以给予中、差评的方式谋取额外财物或其他不当利益的行为。

三、评价管理实例

下面以天猫网站为例，介绍天猫店铺的评价制度。

天猫网站对买卖双方基于真实的交易在支付宝交易成功后15天内提供了相互评价制度，天猫评价包括店铺评分和评论内容。评论内容包括文字评论和图片评论。店铺评分由客户对商家做出，包括描述相符、服务态度、物流服务三项。天猫评价的内容具体如图 4-25 所示。

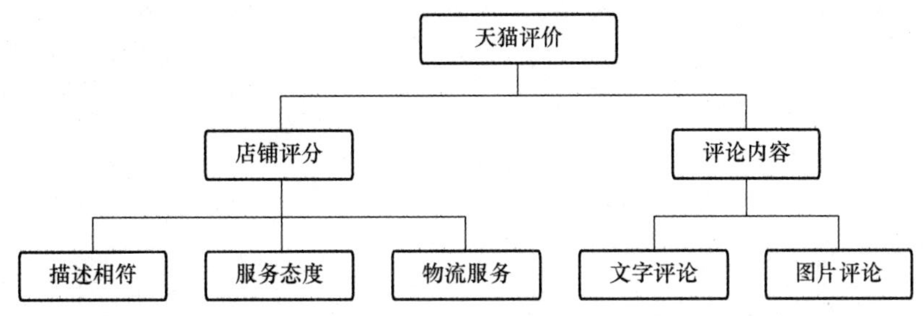

图 4-25 天猫评价的内容

每项店铺评分均为动态指标，系此前连续 6 个月内所有评分的算术平均值。客户若完成对天猫商家店铺评分中“商品与描述相符”一项的评分，则客户信用积分会增加一分。被评价人可以在评价人做出评论内容或是追评内容之日起的 30 天内做出解释。当一次交易完成后，客户对卖家的动态评分有 3 项，分别是“商品与描述相符程度”“卖家服务态度”以及“卖家发货速度”，每项最高分为 5 分（5 星），最低分为 1 分（1 星）。当客户购买商品后，可以根据具体情况来对卖家进行动态评分，卖家最终的分值为所有客户评分的平均分值，并显示在店铺信息区域。由于每一次交易都不同，客户所给的评分值也会不同，因此店铺动态评分会根据交易而发生变化。

随着交易数量的不断增加，客户满意度的不断提高，卖家获得的信用积分也会越来越高。来自客户的信用评价可以体现卖家的历史交易情况以及客户的满意度等，而其他客户在购买时，则通过卖家的信用可以客观地了解到该商品的交易情况并决定是否购买。

天猫店铺虽然不像淘宝店铺那样能筛选出中差评，但是评分最高是 5 星，最低是 1 星，客户在评分时给 1 星，其实就是差评。

任务评价

结合理论知识学习和任务实施的具体过程，将操作内容记录在表 4-16 中，并对完成效果进行评价。

要求：表 4-16 列出的 3 个知识点，第 1 个知识点了解即可，第 2、3 个知识点是完成本任务必须掌握的；2 个技能点是完成本任务必须掌握的。

表 4-16 管理评价知识与技能评价表

项 目	内 容	简要介绍	评价				
			很好	好	一般	差	很差
知识	客户评价的内容						
	客户差评的原因和对策						
	应对差评的技巧						
技能	客户评价的流程						
	天猫评价管理的规则						

任务评价

项目五

客户关系管理

项目导学

自人类有商务活动以来，客户关系就一直是商务活动中的一个核心问题，也是商务活动成功与否的关键之一。建立良好的客户关系是电子商务时代企业赢得利润和重复业务的基础，而利润和重复业务是电子商务企业的成功所在。良好的客户关系需要企业将“以客户为中心”的理念贯穿于全部经济运营活动中，并通过个性化的产品和服务以及优秀的品牌效应来赢得客户的信任和长久的合作，从而为企业获得更多的财富创造条件。

通过本项目的学习，让您能理解客户关系管理的内涵、目标和作用，了解客户关系管理在电子商务活动中的应用，并掌握开发新客户和维护老客户的方法及技巧。

项目目标

- 了解客户关系管理的含义
- 理解客户关系管理的内涵、目标和作用
- 了解客户关系管理在电子商务中的应用
- 掌握新客户开发的途径和方法
- 熟悉老客户维护的方法和技巧

任务一　认识客户关系管理

情景导入

张婷已在杭州莫畏实业有限公司天猫旗舰店从事客服工作一段时间了，对网店客服售前、售中、售后服务有了一定的了解，手头上也掌握了一些客户资源，但她认识到自己对如何处理好与客户的关系，以及如何对客户关系进行有效管理还不够了解，决定进行系统的学习。

情景分析

张婷希望处理好与客户的关系，并对客户关系进行有效管理，首先需要熟悉客户有哪些类型，其次还要知道客户关系管理的内涵是什么，再次要熟练掌握客户关系管理的方法和技巧。

任务实施

任务实施导航结构图：

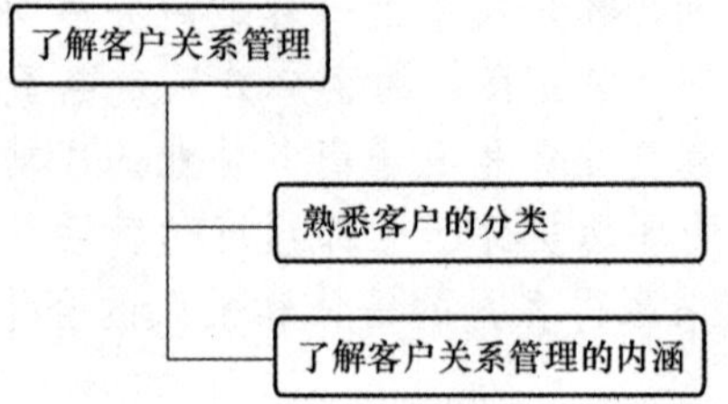

一、熟悉客户的分类

1．利用百度（www.baidu.com）或搜狗（www.sogou.com）等搜索引擎，查找客户分类的信息。

2．根据收集到的信息，完成表 5-1 的填写。

表 5-1　客户的分类

序　　号	客户分类的方法	具体分类
1	按（　　　　）方式划分	可分为：
2	按（　　　　）方式划分	可分为：
3	按（　　　　）方式划分	可分为：
4	按（　　　　）方式划分	可分为：
5	按（　　　　）方式划分	可分为：

二、了解客户关系管理的内涵

1．利用网络搜索引擎或其他相关资源，收集客户关系管理的相关信息。

2．根据收集到的信息，完成表 5-2 内容的填写。

表 5-2 客户关系管理资料

序号	查找内容	具体内容
1	客户关系管理的发展历程	
2	客户关系管理的含义	
3	客户关系管理的内涵	
4	企业进行客户关系管理的好处	

一、客户关系概述

自人类有商务活动以来，客户关系就一直是商务活动中的一个核心问题，也是商务活动成功与否的关键因素之一。

1. 客户关系的含义

客户是企业的利润之源，是企业发展的动力。很多企业将“客户是我们的上帝”“客户是我们的衣食父母”“以客户为中心”等作为企业客户管理的理念。

客户关系是指企业为达到其经营目标，主动与客户建立起的某种联系。这种联系可能是单纯的交易关系，也可能是通信关系，或是为客户提供一种特殊的接触机会，还可能是为双方利益而形成某种买卖合同关系。

2. 客户关系类型

营销大师科特勒把企业与客户之间的关系归结为 5 种类型，如图 5-1 所示。

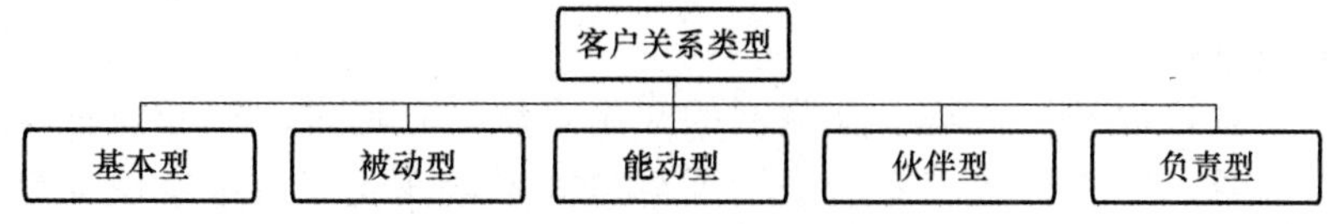

图 5-1 客户关系类型

（1）基本型。企业销售人员把产品销售出去之后不再与客户接触。

（2）被动型。企业的销售人员在销售产品的同时，鼓励客户在购买产品后，如果遇到问题，及时向企业反馈，提供有关改进产品的意见或建议。

（3）能动型。销售完成后，企业不断联系客户，为客户提供升级服务或新产品的营销信息等。

（4）伙伴型。企业不断地协同客户，努力帮助客户解决问题，支持客户的成功，实现共同发展。

（5）负责型。产品销售完成后，企业及时联系客户，询问产品是否符合客户的需求，有何缺陷或不足，有何意见或建议，以帮助企业不断改进产品，使之更加符合客户需求。

这5种客户关系类型之间并不具有简单的优劣对比或顺序，因为企业所采用的客户关系类型取决于它的产品以及客户特征，不同企业甚至同一企业可根据客户的数量和边际利润水平，选择合适的客户关系。

小知识

边际利润

边际利润指产品的销售收入与相应的变动成本之间的差额。边际利润是反映增加产品的销售量能为企业增加的收益。销售单价扣除边际成本即为边际利润，边际利润是指增加单位产量所增加的利润。

二、客户关系管理概述

1. 客户关系管理的起源与发展

最早发展客户关系管理的国家是美国，在1980年初便有了“接触管理”（Contact Management）的概念，即专门收集客户与公司联系的所有信息；1985年，巴巴拉·本德·杰克逊提出了关系营销的概念，使人们对市场营销理论的研究又迈上了一个新的台阶；到1990年演变成包括电话服务中心支持资料分析的客户关怀（Customer Care）。

2. 客户关系管理的含义

最早提出该概念的Gartner Group认为：客户关系管理就是为企业提供全方位的客户视角，赋予企业更完善的客户交流能力和最大化的客户收益率所采取的方法。

本书所理解的客户关系管理（CRM）是企业为发展与客户之间的长期合作关系，提高企业以客户为中心的运营性能而采用的一系列理论、方法、技术、能力和软件的总和。其目标是吸引新客户、保留老客户以及将已有客户转为忠实客户，增加业务的盈利和市场份额。其主要有以下三层含义：

（1）客户关系管理是一种基于互联网的应用系统。它通过对企业业务流程的重组来整合用户信息资源，以更有效的方法来管理客户关系，在企业内部实现信息和资源的共享，从而降低企业运营成本，为客户提供更经济、快捷、周到的产品和服务，保持和吸引更多的客户，以求最终达到企业利润最大化的目的。

（2）客户关系管理是一项企业经营战略。它源于“以客户为中心”的新型商业模式，是一种旨在改善企业与客户关系的新型管理机制，企业据此赢得客户，并且留住客户，让客户满意。通过技术手段增强客户关系，并进而创造价值，最终提高利润，是客户关系管理的焦点问题。

（3）客户关系管理是一项营商策略。它需要用以客户为中心的营商哲学和文化来支持有效的市场推广、营销和服务过程，透过选择和管理客户达到最大的长期价值。

总之，客户关系管理不仅仅是一个软件，它是方法论、软件和IT能力的综合，更是商业策略。

小资料

业界对客户关系管理的理解

客户关系管理自 1997 年引入中国已有二十多年了，从不同的角度，对客户关系管理有不同的解释。

（1）从商业哲学的角度来理解：把客户置于决策出发点的一种商业哲学，它使企业与客户的关系更加紧密。

（2）从企业的战略角度来理解：通过企业对客户关系的引导，达到企业最大化盈利的企业战略。

（3）从系统开发的角度来理解：帮助企业以一定的组织方式来管理客户的互联网软件系统。

3. 客户关系管理的内涵

从客户关系管理概念的提出到现在，已经形成了较完善的理论体系，客户关系管理的内涵主要包括以下三个方面：

（1）客户关系管理首先是一种旨在改善企业与客户之间关系的管理理念。客户关系管理是为适应企业经营模式“以产品为中心”到“以客户为中心”的战略转移而迅猛发展起来的新的管理理念，其核心思想是将企业的客户（包括最终客户、分销商和合作伙伴）作为最重要的企业资源，通过完善的客户服务和深入的客户分析来满足客户的需要，保证实现客户的终生价值。

（2）客户关系管理也是一种旨在改善企业与客户之间关系的新型管理机制。它实施于企业的市场营销、销售、客户与技术等与客户相关的领域。通过向企业的销售、市场和客户服务的专业人员提供全面、个性化的客户资料，并强化跟踪服务、信息服务能力，使他们能够协同建立和维护一系列与客户和生意伙伴之间卓有成效的一对一关系，从而使企业得以提供更快捷和周到的优质服务，提高客户满意度，吸引和保持更多的客户，从而增加营业额。

另外，通过信息共享和优化商业流程来有效地降低企业经营成本。客户关系管理的实施，要求以客户为中心来构架企业的业务流程，完善企业对客户需求的快速反应和管理者决策支持系统，规范以客户为核心的工作流程，建立客户驱动的产品、服务设计，进而培养客户的品牌忠诚度，提高客户价值，从而扩大可赢利份额。

（3）客户关系管理又是一种管理软件和技术。客户关系管理将最佳的商业实践与数据挖掘、数据仓库、一对一营销、销售自动化以及其他信息技术紧密结合在一起，为企业的销售、客户服务和决策支持等领域提供业务自动化的解决方案，是一个基于电子商务的面对客户的系统，从而顺利实现由传统企业模式到以电子商务为基础的现代企业模式的转化。

三、客户关系管理的目标和作用

1. 客户关系管理的目标

客户关系管理的目标就是活动的最终结果，企业的最终目标是利润最大化，作为企业管理手段之一的客户关系管理，需要站在客户关系的角度配合企业完成这个目标。客户关系管理的目标包括三个方面：

（1）挖掘、获得、发展和避免流失有价值的现有客户。通过交叉销售和刺激客户的购买倾向等手段挖掘、获得有价值的客户，同时通过培养客户忠诚，发展和挽留有价值的客户关系，减少客户流失，改变或放弃无潜在价值的客户。

小知识

交叉销售是指发现现有客户的多种需求，并通过满足其某一种需求而实现销售多种相关服务或产品的营销方式。促成交叉销售的各种策略和方法即“交叉营销”。简言之，交叉销售就是向拥有本公司某种产品的客户推销本公司的其他产品。比如，某客户在你这儿购买一款帐篷，你可以销售洗漱包、防潮垫等给他。

（2）更好地认识和发现实际的或潜在的客户。这就要求你首先对你的目标客户是一种什么样子，要有一个清晰的认识，然后在适合的地点、适合的时间，以适合的方式来寻找符合你要求的客户。

小知识

目标客户

目标客户是指企业或商家提供产品、服务的对象。目标客户是市场营销工作的前端，只有确立了消费群体中的某类目标客户，才能展开有效、具有针对性的营销事务。

（3）避免和及时处理“恶意”客户。恶意客户就是目的不是买产品，而是给你捣乱的客户，他们利用交易规则进行敲诈，损害店铺形象。对于这样的客户，企业自身的产品质量要过硬、有特色，有其他产品没有的竞争优势。其次，服务要更贴心。最后，多关注对方，留意客户信用、差评记录，提前做好取证，时刻准备维权。

综上，客户关系管理的最终目标是吸引新客户、保留老客户以及将已有客户转为忠实客户，增加市场份额。

2. 客户关系管理的作用

实施客户关系管理对企业有四个方面的作用，如图 5-2 所示。

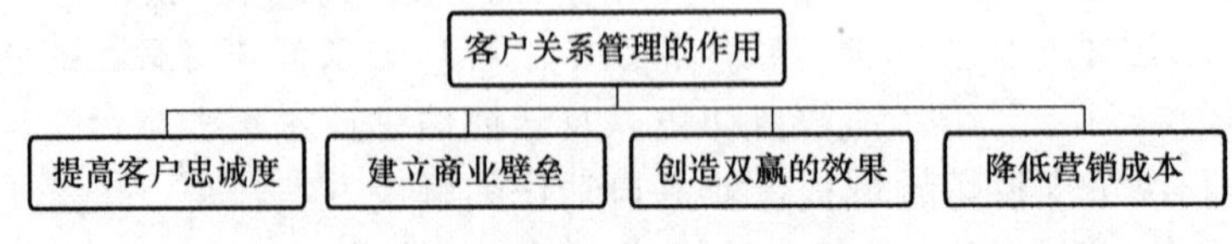

图 5-2　客户关系管理的作用

（1）提高客户忠诚度。很多企业通过促销、赠券、返利等项目，期望通过“贿赂”客户得到自己需要的客户忠诚度，但往往事与愿违。现在的客户需要的是一种特别的对待和服务，企业如果通过提供超乎客户期望的可靠服务，将争取到的客户转变为长期客户就可以实现客户的长期价值。

（2）建立商业壁垒。促销、折扣等传统的手段不能有效地建立起进入壁垒，且极易被对手模仿。通过建立客户关系管理系统，使对手不易模仿，客户的资料都掌握在自己手中，其他企业想挖走客户则需要更长的时间、更多的优惠条件和更高的成本。只要能充分有效地为客户提供个性化的服务，客户的忠诚度将大大提高。

（3）创造双赢的效果。客户关系管理之所以受到企业界的广泛青睐，是因为良好的客户关系管理对客户和企业均有利，是一种双赢的策略。对客户来说，客户关系管理的建立能够为其提供更好的信息、更优质的产品和服务；对于企业来说，通过客户关系管理可以随时了解客户的构成及需求变化情况并由此制定企业的营销方向。

（4）降低营销成本。过去企业的业务活动都是为了满足企业的内部需要，而不是客户的需要，不是以客户为核心的业务活动会降低效率，从而增加营销成本。现在企业采用客户关系管理系统，通过现有的客户、客户维系及追求高终生价值的客户等措施促进销售的增长，节约了销售、营销费用及客户沟通、内部沟通成本。另外，客户关系管理系统的应用还可以大大减少人为差错，降低营销费用。

小资料

啤酒和尿布

啤酒和尿布是客户群完全不同的商品，但沃尔玛通过商场智能化信息分析系统对客户的购买清单信息分析发现，在居民区中尿布卖得好的店面啤酒也卖得很好。原因其实很简单，一般太太让先生下楼买尿布的时候，先生们都会犒劳自己两听啤酒。因此啤酒和尿布一起购买的机会是最多的。而原来这两种商品是放得较远的，当超市重新调整货架，使客户买尿布时很容易看到啤酒，销量大大提升了。

四、客户关系管理在电子商务中的应用

1. 电子商务环境下客户关系管理的特点

在电子商务环境下必须有新型的客户关系管理模式，这种客户关系管理模式是通过互联网为客户提供服务的，同时客户也可通过在线方式获取信息和自助式服务，即电子化客户关系管理（Electronic Customer Relationship Management，ECRM）。与传统的客户关系管理相比，电子化客户关系管理具有四个特点，如图 5-3 所示。

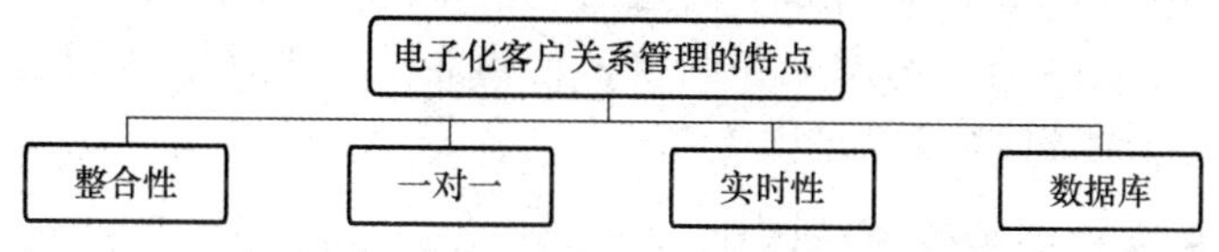

图 5-3　电子化客户关系管理的特点

（1）整合性。它包含了前端和后端的整合。前端指的是统一的联系渠道，它使得企业可以同时让客户根据自己的情况，在不同时间以电话、传真、网站或电子邮件等各种方式与企业接触。更重要的是，不论是服务专员还是自动化装置，企业所提供的解答，都应当一致。后端则是指用先进的资料分析方法，深入探索客户相关的知识，作为客户

关系管理的依据。

（2）一对一。电子商务环境下，客户的个性化需求越来越明显，电子化客户关系管理是以每一个客户作为一个独特的区域，所以对客户行为的追踪和分析，都是以单一客户为单位的，发现他的行为方式与偏好。同时，应对策略或营销方案也是依每个客户的个性来提供的。与客户一对一就是为了让客户能够真正满意并成为忠诚客户，这是唯一的目标，与客户一对一不是为了取悦客户而是让客户接受产品和服务并使消费体验高于期望值，从而达到满意并持续购买服务。

（3）实时性。电子商务环境下客户快速地接受大量信息，所以客户的偏好也在不断地改变。企业必须不断地观察客户行动的改变，并立即做出应对策略，才能掌握先机，赢得客户。

（4）数据库。营销结合基于互联网的客户关系管理是一个完整的收集、分析、开发和利用各种客户资源的系统。这种新型的系统应该与数据库营销相结合，客户与公司交往的各种信息都能在客户数据库中得到体现，数据库营销能最大限度地满足客户个性化的需求。

2. 电子商务环境下客户关系管理的优势

在电子商务环境下，相对于传统商务环境，电子化客户关系管理具有的优势，如图5-4所示。

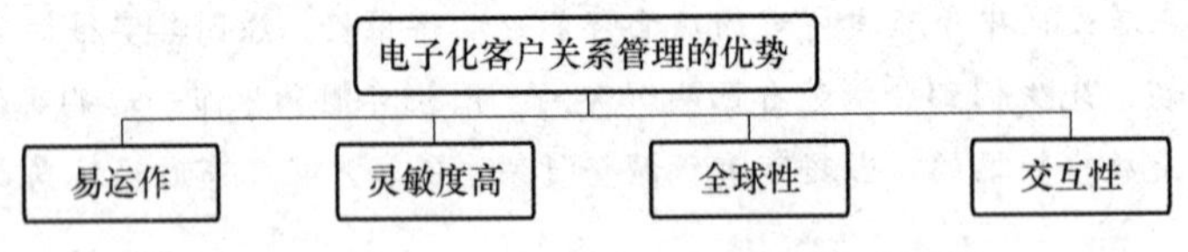

图 5-4 电子化客户关系管理的优势

（1）易运作。互联网只需要企业上网就能进入网络环节，这减少了许多传统环境下的中间环节，互联网缩短了公司与客户之间的距离，信息的广泛交流不仅提高了商务效率，也使电子商务从业者对环境的适应性增强。

（2）灵敏度高。互联网是一个快速变化的空间，各种各样的用户需求随时会出现，电子化客户关系管理总能快速地做出反应。

（3）全球性。目前几乎所有的国家和地区都联入了互联网，企业通过互联网可与全球的客户进行交流合作，大大地削弱了商业活动的地理空间限制。

（4）交互性。互联网的快速反应和回复，使得企业在该环境下可与客户进行实时信息交流，高效率地完成全部信息交换过程。

3. 电子商务和客户关系管理一体化

在电子商务环境下，市场竞争激烈，客户关系显得尤为重要，只有将电子商务和客户关系管理一体化才能使企业资源运用和价值实现发挥出最大效能，企业必须把实现电子商务看作是客户关系管理整体战略的首要部分。

电子商务和客户关系管理一体化的做法是将网站和公司的客户数据库连接起来，网站可以通过对客户网页浏览的顺序、停留的时间长短为这位客户建立个人档案，识别出具有相似浏览习惯的客户。电子商务前端的客户关系管理应该和企业的内部管理系统连接起来，不管客户从哪个渠道进来，都可以与后台的企业管理系统连接起来。网站的一切工作都应围绕着客户需求这一中心，要符合客户的浏览习惯，充分考虑到客户在网上碰到困难时需要的帮助和技术支持，开展网上自助服务，客户根据自己的意愿，随时随地上网查询，自行解决自身遇到的问题，以帮助降低成本。同时，还可以为客户定制在线购物经验、定制广告、促销活动和直接提供销售报表。

将电子商务和客户关系管理一体化，构造新型的客户关系管理模式是企业“赢家通吃”的网络经济环境下成为赢家的基础。

小资料

客道公司

客道公司于 2011 年 1 月与淘宝网阿里旺旺卖家版合作，推出基于官网旺旺插件平台的首款客服工作插件——客道精灵，掀起了旺旺客服工作革命，为业界客服带来了巨大的效率提升。2011 年 10 月客道公司产品覆盖了淘宝网 70%以上的类目 Top 卖家，并在“双十一”“双十二全民疯抢”等淘宝大型活动中表现突出，成为了超级卖家大促活动的必备利器。

客道公司的产品主要有：

（1）客道 CRM——基于平台实时数据的客户服务平台，通过建立完善的客户多维度数据库，对客户进行精细化分组、智能营销、关怀服务等。同时，系统整合客道精灵、智能催付、询单分析等运营工具，有效优化电商业务流程。

（2）雁书——电子商务短信、邮件智能营销平台，无缝自动对接店铺信息，准确挖掘营销对象，全面的营销效果分析，对营销活动的投入产出比进行有效评估。

（3）客道精灵——首款官方旺旺插件，客服工作方式的革命，客服效率提升 5 倍以上，极大地降低客服响应时间，提升客服服务质量，提升转化率与客单价。通过对售前、售中、售后工作的分析，针对各业务细节进行优化，有效提升客服能力。

客道 CRM 是淘宝唯一一款提供实时完整数据的软件系统，提高对本店铺数据的掌控能力。其能与客道精灵进行信息互通，实现知识库、用户信息的共享；客道精灵在实现效率提升的基础上，达到客户信息收集、识别的目的，为后端 CRM 做支撑。

“客道”客户关系管理系统，为大量电子商务大型卖家提供客户关系管理服务，为电商的客户服务质量提升与管理、客户关系维护和推广、潜在客户的挖掘、客户营销管理提供了有力的保障。客道基于完善的多维度数据实时更新技术，为客户的精准细分提供了可靠的基础，成为行业内客户关系管理的标杆型产品。

任务评价

结合理论知识学习和任务实施的具体过程，将操作内容记录在表 5-3 中，并对完成效果进行评价。

要求：表 5-3 列出的 4 个知识点，第 2、3 个知识点是要完成本任务必须掌握的，其他知识点有一定的了解即可；1 个技能点要学会利用。

表 5-3 认识客户关系管理知识与技能评价表

项 目	内 容	简要介绍	评 价				
			很好	好	一般	差	很差
知识	客户关系的含义及类型						
	客户关系管理的内涵						
	客户关系管理的目标和作用						
	客户关系管理在电子商务中的应用						
技能	利用搜索引擎查找资料						

任务二 运用客户关系管理的方法

情景导入

张婷作为杭州莫畏实业有限公司天猫旗舰店的客服人员，充分认识到在客户关系管理中开发新客户和维护老客户的重要性，她说："做生意不能一直坐等着客户上门，更不能认为老客户没有什么用，那样会导致店铺生意越做越差，个人收入也越来越低。"所以，客服人员一定要重视新客户的开发和老客户的维护，这样企业才能长久地发展下去。

情景分析

张婷作为杭州莫畏实业有限公司天猫旗舰店的客服人员，不仅要熟悉和掌握天猫会员关系管理工具的使用方法和技巧，还要掌握开发新客户和维护老客户的理论和方法。

任务实施

任务实施导航结构图：

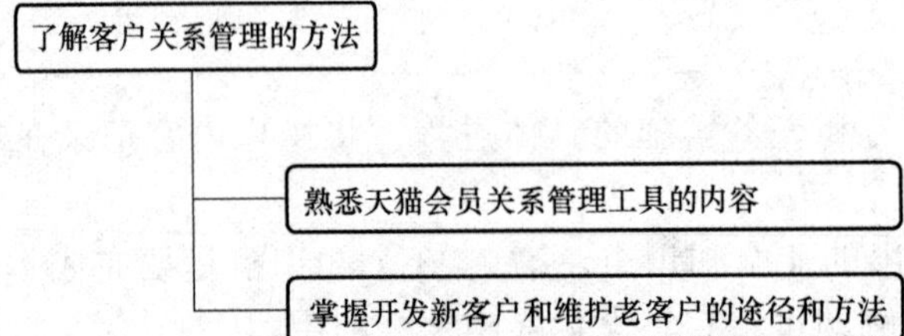

一、熟悉天猫会员关系管理工具的内容

1．进入天猫“帮助中心”。登录“天猫”首页，将鼠标移至网页右侧滚动条处，单击滚动条拖至网页最下方，单击“帮助中心”，如图 5-5 所示。

图 5-5　天猫首页

2．进入并浏览“帮助中心”页。进入“帮助中心”，浏览网页内容，单击“商家帮助”，如图 5-6 所示。

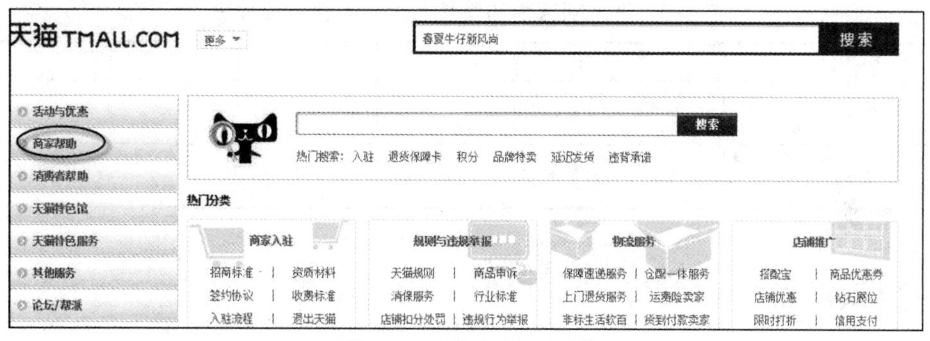

图 5-6　“帮助中心”页

3．进入并浏览“商家帮助”页。在“商家帮助”下单击“商家工具”→“营销工具”，如图 5-7 所示。

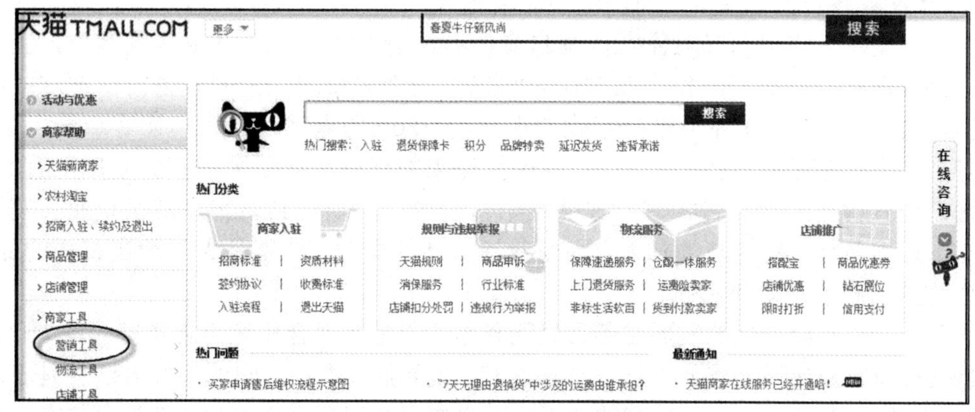

图 5-7　“商家工具”下的“营销工具”

4. 学习“会员关系管理”的相关内容。在“营销工具”下单击“会员关系管理”，在“会员关系管理”页面中浏览学习相关的内容。

5. 根据学习内容，完成表5-4内容的填写。

表5-4 会员关系管理内容

序号	学习内容	具体内容
1	淘宝天猫客户关系管理有______大功能	
2	会员关系管理中的会员等级划分分为______等级	
3	店铺怎么设置银卡、金卡、白金卡和钻石卡？	
4	会员关系管理中如何编辑或删除已创建活动？	
5	会员关系管理中如何设置精准营销？	

二、掌握开发新客户和维护老客户的途径和方法

1. 利用网络资源，查找开发新客户和维护老客户的途径及方法。

2. 根据查询到的信息，完成表5-5内容的填写。

表5-5 开发新客户和维护老客户的途径及方法

序号	方式	具体途径和方法
1	开发新客户	
2	维护老客户	

知识链接

一、开发新客户

1. 开发新客户的意义

思考开发新客户的意义对企业改变自身的做法会有帮助。单纯依靠老客户，企业通常只能保持现状。例如，即使企业能让80%以上的老客户回头，同时也需要把这些回头的老客户变大20%以上，才能维持营收的现状。让80%的老客户回头和让客户变大20%，对许多企业来说都是一件困难的事情。要保持原来的规模和在原来规模的基础上有增长，企业就需要赢得更多新的目标客户。从这个角度看，不断得到新客户是让企业长期活下去的一个根本条件。新客户的加入，为企业注入新的血液，特别是大的潜在客户的加入，会对企业盈利产生重要的影响。

一个企业想健康平稳地发展必须做好两件事：一是实现合作客户忠实度的最大化；二是不断挖掘新客户资源并将其发展成合作客户。说到底，维护客户的最好方法就是不断开发新客户，特别是在市场变幻莫测的今天，别说你无法把握合作客户，就是合作客户本身

自己也无法预知他们的未来，在自己的生存问题尚未解决的情况下，你还指望你的客户有多少忠诚度？反之，如果你能够不断认识越来越多的新客户，从客户的角度为他们的可持续发展出谋划策，让新客户觉得你是他的得力助手，你的营销前途会非常灿烂。

2．开发新客户的途径

对网店来说，获取新客户可以通过以下四种途径：

（1）老客户介绍。如客户购买了某产品，朋友也喜欢，于是介绍朋友来购买。

（2）广告宣传。网店在网上发布广告信息或参加营销推广活动，等着客户找上门。

（3）销售人员开发。网络销售人员可以通过搜索引擎的关键词查找或分类目录查找客户资料，主动联系客户；也可以借助电子商务供求平台查找需求信息，联系客户。

（4）客服人员开发。一般情况下，网络新客户的第一次成交难度是最高的，因为会存在着怀疑、不信任、怕承担风险等心理。销售过程中，客服应该紧紧地把握客户心理，努力快速地促成第一次成交。

3．开发新客户的方法和技巧

（1）克服心理障碍，保持积极的成交态度。对于一些新手客服人员来说，在推销的过程中经常会产生一些不利于成交的心理障碍，如担心成交失败。因为在沟通的过程中，气氛往往是比较紧张的，尤其当客服在通过各种方式向客户传达商品信息的时候（如介绍新品、介绍店铺主推的爆款等），客户经常会发出一些疑问，去怀疑你的产品价格、产品质量、产品的售后服务，甚至会怀疑客服人员本身，有一些客服人员就会紧张，甚至于词不达意。一旦出现这种情况，成交就比较难以实现。因此，客服人员的心理是销售成功的基础，只有坚定自信，保持积极的成交态度，加强心理方面的训练，才能消除各种不利于成交的心理障碍，顺利地促成交易。

在工作中，客服要注意以下几点：

1）正确地对待失败。推销失败是销售过程中经常遇到的情况，但是有一些客服人员在经历了几次失败以后，成交失败的心理障碍就会出现，在销售过程中就很有可能出现情绪急躁的现象，表现出急于求成的心情。这样做会引起客户的疑心，他们会认为你的产品有问题或者觉得你有可能给他们挖了一个“陷阱”，甚至会坚定客户拒绝购买的决心。这对销售而言，只会让失败的次数越来越多，导致心态上的恶性循环。因此，一定要正确地对待失败，明白没有常胜将军、胜败乃兵家常事的道理。即使是最优秀的客服人员，也不可能每一次推销都能获得最后的成功。客服人员一定要鼓起勇气，不怕挫折和失败，坦然面对各种结果，从而取得心理上的优势。一位成功的销售大师说过这样一句话：一次成交是建立在十次推销失败的基础之上的。

2）要有自信心。很多人觉得做客服工作低人一等，有不同程度的职业自卑感。这种自卑感对于销售成功有着非常大的影响，它会通过语言、行为等不自觉地表现出来，使得自己在从事销售工作时不能专心致志，不能充满热情，从而影响最后的成交。客服人员一定要充分了解工作的社会意义和价值，应该为自己的工作感到自豪和骄傲，只有这样才能激发出努力工作的热情和力量。培养职业自豪感和自信心，战胜自己，克服职业自卑感，是成交的巨大保障。

3）要有积极主动的心态。很多客服人员认为客户会自动提出成交请求，或者以为客户在交流结束的时候会自动购买产品，因此在销售过程中总是慢慢等待。绝大多数的客户即使有购买意向，也会采取被动的态度，一般都需要客服人员提出成交请求。因此，客服人员必须认识到这一点，只要有机会，就应该大胆主动地提出成交请求，并且施加适当的压力，积极地促成交易。

（2）用心做好服务，及时主动地促成交易。在互联网环境中，客户通常处于优势地位，尤其是在消费品市场，基本不愿意主动地提出成交请求，更不愿意主动明确地提示成交。但是客户的购买意向总会有意无意地通过各种信号表现出来，如语言文字信号、行动信号等。因此，客服人员一定要在网上留意观察客户的一言一行，要善于捕捉稍纵即逝的成交信号，抓住时间，更为关键的是要及时主动地促成交易。比如，客服人员一般可以尝试性地用下面的语言提示客户成交："亲，您下单吧，还来得及赶在今天下午之前发货。""亲，我们这款衣服因为是新品，只有前 10 名客户才能享受到这个价格哦！""亲，在这个月底后，我们这个宝贝的价格就要涨 50 元钱了。"

（3）不要轻易地亮出王牌。客服人员在实际的推销工作中，要学会保留一定的退让余地，不要轻易地亮出王牌。许多成交都要经过一番沟通与交流、讨价还价等，客户从对所销售的商品产生兴趣到最终做出购买决定，是需要一定的时间的。有的客服人员在刚刚开始接触客户的时候就把所有的优惠条件全盘端出去了，没有了退让的余地，当客户要求你必须再做出一些让步才能成交时，就处于很被动的状态了。因此，不管是线上还是线下，为了促成最后的成交，客服人员应该讲究技巧，不到万不得已的时候不要把最后的王牌露出来。比如，在成交的关键时刻，客服人员可以进一步引导客户，增强客户的购买决心："亲，如果现在购买的话，我们还有小礼品赠送，这个活动到××日就截止了。""亲，宝贝都是最低价，亏本卖的，没有利润的，亲谅解哦！""亲，满××元仓库随机送一份小礼品哦，礼物代表一份心意，希望您喜欢哦！"

（4）正确地对待没有成交的客户。成功的销售总是从被拒绝开始的，第一次接触就能成交的概率是很低的，但是第一次被拒绝并不意味着失败，用心地服务客户，与客服交朋友，就有可能达成最后的成交。对待没有成交的客户，客服应该想办法建立潜在客户数据库，在互联网时代，这个目标更容易实现。例如，主动加客户为好友做好备注，鼓励客户收藏、加入我们的 QQ 群，成为我们的微博粉丝、微信粉丝等。

（5）把握成交时机，随时促成交易。客服人员一定要机动灵活，能够随时发现成交的信号，把握每一个转瞬即逝的成交时机。一个完整的销售过程往往要经历寻找客户、与客户接触、处理异议和下单成交等不同的阶段，这些不同阶段之间相互联系、相互影响、相互转化。在销售的任意一个阶段，随时都有可能成交，一旦时机成熟，客服人员就应该立即促成。很多客服也许非常擅于接近客户并且说服客户，但是总是抓不住有力的成交时机，经常功亏一篑。把握成交时间，要求客服人员具备一定的直觉判断力，具备了这种特殊的职业灵感，才能及时有效地做出准确无误的判断。

二、维护老客户

1. 维护老客户的意义

维护老客户对每个企业来说是非常重要的，主要表现在以下四个方面：

（1）使企业的竞争优势长久。企业的服务已经由标准化细致入微服务阶段发展到个性化客户参与阶段。成功的企业和成功的客服人员，把留住老客户作为企业与自己发展的头等大事。

（2）使成本大幅度降低。发展一位新客户的投入是巩固一位老客户的5倍，确保老客户的再次消费是降低销售成本和节省时间的最好方法。

（3）有利于发展新客户。在商品琳琅满目、品种繁多的情况下，老客户的推销作用不可低估。

（4）会获取更多的客户份额。忠诚的客户愿意更多地购买企业的产品和服务，忠诚客户的消费支出是随意消费支出的2～4倍。

2. 维护老客户的途径和方法

企业要千方百计地留住老客户，维护老客户的途径和方法主要有以下五个方面：

（1）明确客户需求，细分客户，积极满足客户需求。具体方法主要有以下三点：

1）利用优惠措施，加强与客户的沟通交流。更多优惠措施，如数量折扣、赠品、秒杀、试用、更长期的赊销等。经常和客户进行沟通交流，保持良好融洽的和睦关系。

2）特殊客户特殊对待。根据80/20法则，公司利润的80%是由20%的客户创造的，并不是所有的客户对企业都具有同样的价值，有的客户带来了较高的利润率，有的客户对于企业具有更长期的战略意义。美国《哈佛商业评论》杂志发表的一篇研究报告指出：多次光顾的客户比初次登门的客户可为企业多带来20%～85%的利润。所以善于经营的企业要根据客户本身的价值和利润率来细分客户，并密切关注高价值的客户，保证他们可以获得应得的特殊服务和待遇，使他们成为企业的忠诚客户。

3）提供个性化服务。提供系统化解决方案，不仅仅停留在向客户销售产品的层面上，要主动为他们量身定做一套适合的系统化解决方案，在更广范围内关心和支持客户的发展，增强客户的购买力，扩大其购买规模，或者和客户共同探讨新的消费途径和消费方式，创造和推动新的需求。

（2）建立客户数据库，和客户建立良好关系。在信息时代，客户通过互联网等各种便捷的渠道可以获得更多、更详细的产品和服务信息，使得客户比以前更加聪明、强大，更加不能容忍被动的推销。与客户的感情交流是企业用来维系客户关系的重要方式，日常拜访、节日的真诚问候、婚庆喜事、过生日时的一句真诚祝福、一束鲜花，都会使客户深为感动。交易的结束并不意味着客户关系的结束，在售后环节还要与客户保持联系，以确保他们的满足感持续下去。由于客户更愿意和与他们类似的人交往，他们希望与企业的关系超过简单的买卖关系，因此企业需要快速地和每一个客户建立良好的互动关系，为客户提供个性化的服务，使客户在购买过程中获得产品以外的良好心理体验。

（3）深入与客户进行沟通，防止出现误解。客户的需求不能得到切实有效的满足往往是导致客户流失的最关键因素。一方面，企业应及时将企业经营战略与策略的变化信息传递给客户，便于客户工作的顺利开展。另一方面，善于倾听客户的意见和建议，建立相应的投诉和售后服务沟通渠道，鼓励不满的客户提出意见，及时处理客户的不满，并且从尊重和理解客户的角度出发，站在客户的立场去思考问题，采用积极、热情和及时的态度。大量实践表明，2/3 的客户离开其供应商是因为对客户的关怀不够。

（4）制造客户离开的障碍。一个保留和维护客户的有效办法就是制造客户离开的障碍，使客户不能轻易去购买竞争者的产品。因此，企业自身要不断创新，改进技术手段和管理方式，提高客户的转移成本和门槛；从心理因素上，企业要努力和客户保持亲密关系，让客户在情感上忠诚于企业，对企业形象、价值观和产品产生依赖和习惯心理，就能够和企业建立长久关系。

品牌的层次与其客户参与的程度存在着一种正比的关系。如果企业品牌在客户心目中的层次和地位越低，客户参与企业的愿望就越弱，而如果一个品牌在客户心目中的层次和地位越高，甚至认为这个品牌关系到自己的切身利益，那么这个客户就越愿意参与这个企业的各种活动，企业与客户的关系就越紧密，特别是当他们将品牌视为一种精神品牌，这种参与程度可以达到最高境界。因此，这就要求企业必须改变以往的单向的灌输式信息传播方式，而尽量与客户进行沟通和互动，让客户参与其中，才能建立起长期的稳定的客户感情和友谊，从而立于不败之地。

（5）不断培训服务人员，培养忠实的员工。忠实的员工才能够带来忠实的客户。失败的客服人员常常是从找到新客户来取代老客户的角度考虑问题，成功的客服人员则是从保持现有客户并且扩充新客户，使销售额越来越多，销售业绩越来越好的角度考虑问题的。对于新客户的销售只是锦上添花，没有老客户做稳固的基础，对新客户的销售也只能是对所失去的老客户的抵补，总的销售量不会增加。

从服务利润链分析可知，要保持客户忠诚必须从员工着手，具体可采取以下手段：

1）注重员工培训、教育，为企业员工提供发展、晋升的机会。

2）为员工尽可能创造良好的工作条件，以利于他们高效地完成工作。

3）切实了解员工的各种需求，并有针对性地加以满足。

3．维护老客户的技巧

对于一个店铺来说，如果只靠引入新客户来维持店铺成交的话，那这个店铺永远不会做得很好，因为新客户是有限的，不可能有无限的新客户让你引入。所以要把那些购买过商品的客户发展成店铺的老客户，这样店铺才会有源源不断的成交。维护老客户的技巧主要有以下几点：

（1）对客户进行分类。要利用搜集好的资料把聊天工具（如 QQ、淘宝旺旺、京东咚咚等）上的老客户进行分类，可以按客户的消费层次、风格、会员等级等信息来做好分类，这样既能方便管理，又能有针对性地给这些客户制订一些特殊活动。

（2）建立互动平台。可以建立一个 QQ 群或旺旺群，把客户都拉进去，平时可以让这些买家在群里沟通，时不时也可以在群里做一些活动，活跃群里的气氛。还可以分享有用的生活常识、最新产品优惠信息等，或是对于成交后的客户进行问候，中途是否遇到疑问或有产品问题，进行记录、解决、向上反映，会让客户产生对你的依赖、信任。

（3）群发消息。如淘宝的阿里旺旺不仅是买卖双方联系、交流问题的工具，也是卖家和客户联络感情的重要工具之一。卖家利用阿里旺旺可以把客户分组添加为联系人，也可以群发消息给客户，如果有新货到了或者有促销活动等信息，阿里旺旺的群发功能可以帮助卖家迅速地通知客户。如果在特别的节日或者某位客户生日，卖家可以利用阿里旺旺给客户送达店铺信息，随时随地和客户联系，让客户不会忘记店铺，并成为店铺的忠实客户。但是切记，发送的信息不要太官方，否则会让客户产生反感，导致删除或屏蔽你发过去的信息。

（4）手机短信。手机是客户都使用的通信工具，只是很少有卖家会利用手机来给客户发送祝福信息，手机也有群发功能，但是卖家得在平时积累客户的电话号码，这样才能在需要的时候直接用。曾经有一个很认真的卖家，他说自己从还是小卖家的时候就一直做一件事，那就是拿一个笔记本把每个客户的名字和喜好以及生日等信息记录下来，然后在客户生日的时候送上一条祝福信息，或者在新产品上市的时候，根据客户的喜好发信息。这样贴心的卖家让每个到他店铺购物的客户都觉得温暖，虽然不是每个卖家都能做到这样，但是在特殊的节日给客户发一条祝福信息是件很容易做到的事情。

当然，还可以利用邮件、空间、微博、微信等方式，加强与老客户的联系，维护与老客户的关系。

任务评价

结合理论知识学习和任务实施的具体过程，将操作内容记录在表 5-6 中，并对完成效果进行评价。

要求：表 5-6 列出的 3 个知识点要求必须掌握；技能点利用网络搜集“天猫会员关系管理内容”信息的方法是要求必须掌握的。

表 5-6　客户关系管理知识与技能评价表

项　目	内　容	简要介绍	评　价				
			很好	好	一般	差	很差
知识	开发新客户维护的途径和方法						
	老客户维护的途径和方法						
	老客户维护的技巧						
技能	利用网络搜集“天猫会员关系管理内容”信息						

参 考 文 献

[1] 王晓望．客户服务技能训练教程[M]．北京：机械工业出版社，2015.

[2] 方荣华．电子商务客户服务[M]．北京：电子工业出版社，2016.

[3] 盘红华．电子商务客户服务[M]．北京：北京理工大学出版社，2016.

[4] 淘宝大学．网店客服[M]．北京：电子工业出版社，2011.

[5] 徐熠明．电子商务客户服务[M]．北京：中国财政经济出版社，2015.

[6] 黄文莉．网上开店实务（项目式教材）[M]．2 版．北京：机械工业出版社，2016.

[7] 马刚，李洪心，杨兴凯．客户关系管理[M]．3 版．大连：东北财经大学出版社，2015.